—

앙케트 조사 및
통계처리

Questionnaire Survey &
Statistical Analysis

머리말

앙케트 조사는 학자의 연구활동이나 기업인의 경영활동 또는 일반인의 사회활동의 장에서 빈번하게 실시되는 데이터의 수집활동이다. 데이터를 수집하는 것은 데이터에 기초해서 의사결정을 하고 싶다거나 가설을 검정하고 싶다거나 새로운 발견을 하고 싶다거나 하는 목적이 있기 때문이다. 이 목적을 달성하기 위해서는 수집한 데이터를 분석할 필요가 있고, 이때에 필요한 방법으로서 다변량분석을 비롯한 여러 가지 통계분석 수법이 있다.

여기에서 왜 다변량분석이 필요한지를 언급하고자 한다. 앙케트 조사에 있어서 질문의 수는 세 개 이상이 되는 경우가 많고, 질문의 수가 하나인 조사는 거의 존재하지 않을 것이다. 예를 들면, 학생들의 취미를 조사할 목적으로 한 앙케트 조사를 실시할 것을 상정해 보자. 취미를 조사하는 것이 목적이라고는 하더라도 취미를 묻는 질문만으로 끝나는 일은 없을 것이다. 취미 외에 성별이나 학년 등도 질문할 것이다. 취미, 성별, 학년을 묻는 것만으로 이미 세 가지 질문을 하게 된다. 하나의 관측대상에 대해서 세 가지 이상의 측정항목이나 질문항목에 관한 데이터가 얻어져 있을 때, 이들 데이터의 모임을 다변량 데이터라고 부르고 있다. 앙케트 조사에서 얻어지는 데이터는 다변량 데이터가 되는 것이 일반적이다. 따라서 앙케트 조사의 데이터를 분석하려면, 다변량 데이터를 분석하는 방법을 알아두는 것이 필요하다.

이 책은 앙케트 조사의 데이터를 주로 다변량분석의 수법에 의해서 처리하는 방법을 습득하기 위한 서적으로, 연구활동이나 경영활동에 있어서 앙케트 조사를 실시하여 데이터를 분석하지 않으면 안 될 학자, 경영인 및 사회인을 대상으로 하고 있다.

다변량분석을 실시하려면 다변량분석을 위한 소프트웨어가 필요하게 된다. 이 책에서 사용하고 있는 소프트웨어는 SPSS 버전 27이다. SPSS를 사용한 이유는 앙케트 조사에서 수집한 데이터의 집계에 도움이 되는 기능이 충실하다는 사실, 다변량분석의 수법이 풍부하게 갖추어져 있다는 사실에 있다. 또한 세계적으로 널리 보급되어 있는 소프트웨어이며 신뢰성이 높다고하는 것도 그 이유의 하나이다.

이 책의 특장은 앙케트의 통계분석에 대한 이해와 활용에 SPSS라고 하는 통계 소프트웨어를 활용하고 있다는 점이다.

이 책은 전체 14장으로 구성되어 있다.

이 책에서는 SPSS의 초보적인 조작방법에 대해서 필요최소한의 것밖에 설명하고 있지 않다. SPSS에 아직 익숙하지 않은 독자는 매뉴얼이나 시판되고 있는 입문서를 참고하기 바란다. 그러나 이 책에 따라서 공부하다 보면 자기도 모르게 생소하던 SPSS라는 소프트웨어에 이미 익숙해져 있는 자신을 발견할 것이다.

마지막으로 이 책의 출판에 많은 도움을 주신 도서출판 한올출판사 사장님 이하 관계자 여러분의 노고에 깊은 감사의 말씀을 드린다.

2022년 1월
저자 씀

CONTENTS

CONTENTS

CONTENTS

CONTENTS ......

독립성검정에 의한 앙케트 처리

Chapter 01
독립성검정에 의한 앙케트 처리

1 개요

카이제곱 독립성검정은 두 범주형 변수가 독립적으로 분포하는지를 테스트하는 검정이다. 이 검정은 분할표에서 진행되며 일반적으로 2 × 2가 아닌 여러 범주를 갖고 있는 경우에 사용한다.

카이제곱 독립성검정의 기본적 아이디어는 관측빈도와 기대빈도(두 변수가 독립일 때의 도수)의 차이를 비교하는 것이다. 이 방법론을 자세히 살펴보면 다음과 같다.

- 각 범주(셀)의 기대빈도가 높다면(일반적으로 5를 기준으로 한다), 정규분포 근사를 할 수 있다.
- 정규 근사가 가능하면 이를 이용해 카이제곱 통계량을 얻을 수 있다.
- 이 카이제곱 통계량은 관측빈도와 기대빈도 차이의 변동을 정량화한 통계량이다.
- 카이제곱 통계량이 충분히 크다면, 관측빈도와 기대빈도의 차이는 크다고 할 수 있다.
- 만약 관측빈도와 기대빈도의 차이가 충분히 크면, 두 변수가 독립적이지 않다는 결론을 내리게 된다.

SPSS의 독립성검정을 사용하면 앙케트 조사의 질문항목 A와 질문항목 B 사이의 관련성을 조사할 수 있다.

| 표 1-1 | 크로스 집계표

항목 A \ 항목 B	카테고리 B₁	카테고리 B₂	카테고리 B₃
카테고리 A₁	16명	8명	4명
카테고리 A₂	6명	9명	11명

다음의 앙케트 조사표를 사용해서 두 개의 항목 [만족]과 [스태프 수]의 사이에 관련성이 있는지 어떤지 탐색해 보자.

스태프 수가 10명, 50명, 100명의 세 가지 타입의 의료시설에 대해서 다음의 앙케트 조사를 실시한다.

| 표 1-2 | 앙케트 조사표

> 항목1 귀하는 간호 서비스에 만족하고 있습니까?   [만족]
>   1. 만족하고 있다   2. 만족하고 있지 않다.
>
> 항목2 귀하가 이용하고 있는 시설의 스태프 수는?   [스태프 수]
>   1. 10명   2. 50명   3. 100명

🌀 **앙케트 조사의 결과와 SPSS의 데이터 입력**

앙케트 조사의 결과를 SPSS의 [데이터 보기]에 입력한다. 독립성검정을 사용해서 두 항목 간에 관련성이 있는지 어떤지 조사한다.

[데이터 입력]

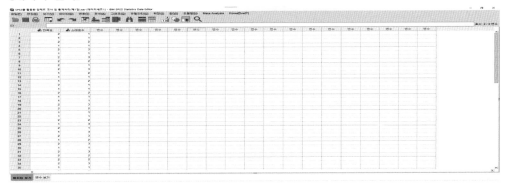

[값 레이블] 표시

※ 크로스 집계표의 입력일 때는 '가중'(빈도변수 지정)을 잊지 말 것!

[통계처리의 순서]

《순서 1》데이터를 입력하면, 메뉴에서 [분석] - [기술통계량] - [교차분석]을 선택한다.

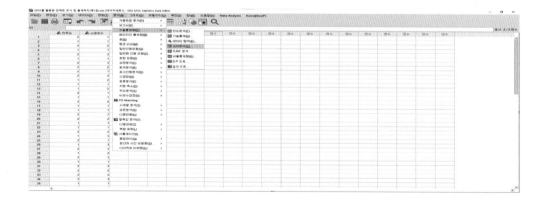

《순서 2》 다음 화면에서 만족도를 '행'에, 스태프수를 '열'에 이동하고 [통계량] 클릭!

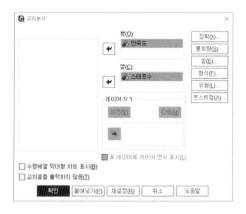

《순서 3》 다음 화면에서 [카이제곱]에 체크하고 [계속]을 클릭한다.

《순서 4》 다음 화면으로 되돌아오면 [셀]을 클릭한다.

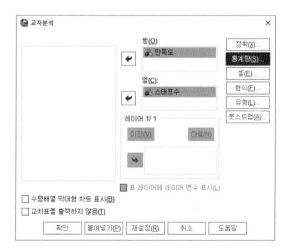

《순서 5》 다음 화면에서 [관측빈도]와 [기대빈도]에 체크하고 [계속]을 클릭한다.

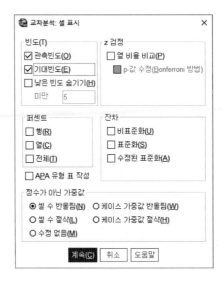

《순서 6》 다음 화면으로 되돌아오면 [확인]을 클릭한다.

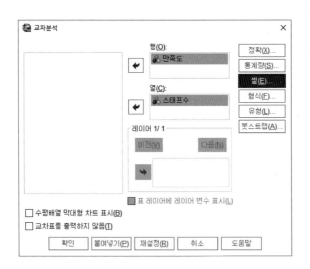

※ 독립성검정의 경우 효과 크기(effect size)의 정의식은 다음과 같다.

$$V = \sqrt{\frac{\chi^2}{N \times \min(r-1, c-1)}}$$

만족도 * 스태프수 교차표

			스태프수			
			10명	50명	100명	전체
만족도	만족하고 있다	빈도	16	8	4	28
		기대빈도	11.4	8.8	7.8	28.0
	만족하고 있지 않다	빈도	6	9	11	26
		기대빈도	10.6	8.2	7.2	26.0
전체		빈도	22	17	15	54
		기대빈도	22.0	17.0	15.0	54.0

크로스 집계표(교차표)이다.

기대빈도의 계산은 다음과 같이 되어 있다.

$$11.4 = \frac{28 \times 22}{54} \qquad 8.8 = \frac{28 \times 17}{54} \qquad 7.8 = \frac{28 \times 15}{54}$$

$$10.6 = \frac{26 \times 22}{54} \qquad 8.2 = \frac{26 \times 17}{54} \qquad 7.2 = \frac{26 \times 15}{54}$$

크로스 집계표의 그래프 표현은 다음과 같다. 이 그래프 표현을 스테레오그램이라고 한다.

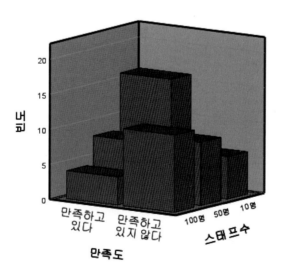

SPSS에서 스테레오그램을 그릴 때는 [3차원 막대형 차트]를 이용한다.

먼저 다음과 같이 [그래프] - [레거시 대화상자] - [3차원 막대형 차트]를 선택한다.

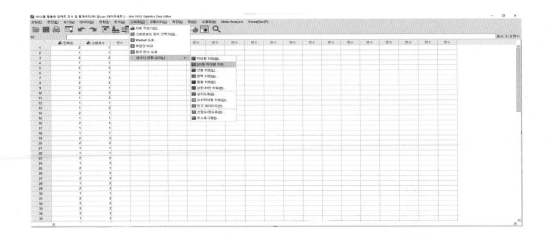

다음 화면 [3차원 막대형 차트]에서 [정의]를 클릭한다.

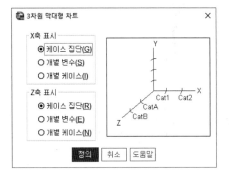

다음 화면 [케이스 집단 요약]에서 다음과 같이 지정·입력하고 [확인]을 클릭한다.

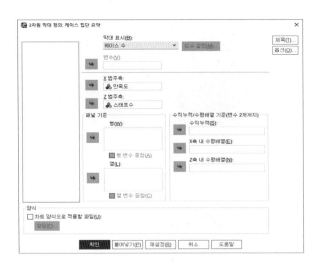

카이제곱 검정

	값	자유도	근사 유의확률 (양측검정)
Pearson 카이제곱	7.808[a]	2	.020
우도비	8.098	2	.017
선형 대 선형결합	7.631	1	.006
유효 케이스 수	54		

a. 0 셀 (0.0%)은(는) 5보다 작은 기대 빈도를 가지는 셀입
니다. 최소 기대빈도는 7.22입니다.

독립성검정이란 다음과 같은 가설의 검정을 말한다.

가설 H_0 : 의료시설의 [스태프 수]와 간호 서비스의 [만족]도 사이에 관련이 없다

이때

근사 유의확률 0.020 ≤ 유의수준 0.05

이므로, 가설 H_0은 기각된다.

따라서

"의료시설의 [스태프 수]와 간호 서비스의 [만족]도 사이에 관련이 있다"

라고 결론을 내릴 수 있다.

Hint

크래머 V계수(Cramér's V)는 카이제곱 독립성검정의 효과 크기 측정이다. 두 카테고리형 필드가
얼마나 강력하게 연관되는지를 측정한다. 효과 크기는 다음 방식으로 계산된다.

1. 어떤 필드가 가장 작은 수의 카테고리를 갖는지 판별한다.
2. 이 필드에 있는 카테고리 수에서 1을 뺀다.
3. 그 결과에 레코드의 총 수를 곱한다.
4. 카이제곱 값을 이전 결과로 나눈다. 카이제곱 값은 카이제곱 독립성검정으로부터 얻는다.
5. 제곱근을 취한다.

의사결정나무에 의한
앙케트 처리

Chapter 02
의사결정나무에 의한 앙케트 처리

1 개요

　의사결정나무 학습법(decision tree learning)은 어떤 항목에 대한 관측값과 목표값을 연결시켜 주는 예측 모델로서 의사결정나무를 사용한다. 이는 통계학과 데이터 마이닝, 기계학습에서 사용하는 예측 모델링 방법 중 하나이다. 트리 모델 중 목표 변수가 유한한 수의 값을 가지는 것을 분류 나무라 한다. 이 나무 구조에서 잎(리프 노드)은 클래스 라벨을 나타내고 가지는 클래스 라벨과 관련 있는 특징들의 논리곱을 나타낸다. 의사결정나무 중 목표 변수가 연속하는 값, 일반적으로 실수를 가지는 것은 회귀 나무라 한다.

　의사결정분석에서 결정 나무는 시각적이고 명시적인 방법으로 의사결정 과정과 결정된 의사를 보여주는 데 사용된다. 데이터 마이닝 분야에서 의사결정나무는 결정된 의사보다는 자료 자체를 표현하는 데 사용된다. 다만, 데이터 마이닝의 결과로서의 분류 나무는 의사결정 분석의 입력 값으로 사용될 수 있다.

　결정 트리 학습법은 데이터 마이닝에서 일반적으로 사용되는 방법론으로, 몇몇 입력 변수를 바탕으로 목표 변수의 값을 예측하는 모델을 생성하는 것을 목표로 한다. 아래 그림은 그러한 예측 모델의 한 예를 나타내고 있다. 그림의 트리 구조에서, 각 내부 노드들은 하나의 입력 변수에, 자녀 노드들로 이어지는 가지들은 입력 변수의 가능한 값에 대응된다. 잎 노드는 각 입력 변수들이 루트 노드로부터 잎 노드로 이어지는 경로에 해당되는 값들을 가질 때의 목표 변수 값에 해당된다.

　의사결정나무 학습법은 지도 분류 학습에서 가장 유용하게 사용되고 있는 기법 중 하나이다. 여기에서는 모든 속성들이 유한한 이산값들로 구성된 정의역을 가지고 있으며, 분류를 단일 대상 속성으로 지니고 있다고 간주한다. 분류의 정의역에 대한 각 원소들은 클래스라고 불린다. 의사결정나무 또는 분류 나무의 모든 내부 노드들에는 입력 속성이 일대일로 대응된다. 트리의 내부 노드에 연결된 가지에는 속성이 가질 수 있는 값들이 표시되며, 잎 노드에는 클래스 또는 클래스의 확률 분포가 표시된다.

의사결정나무의 '학습'은 학습에 사용되는 자료 집합을 적절한 분할 기준 또는 분할 테스트에 따라 부분 집합들로 나누는 과정이다. 이러한 과정은 순환 분할이라 불리는 방식으로 각각의 나눠진 자료 부분 집합에 재귀적으로 반복되며, 분할로 인해 더 이상 새로운 예측 값이 추가되지 않거나 부분 집합의 노드가 목표 변수와 같은 값을 지닐 때까지 계속된다. 이러한 하향식 의사결정나무 귀납법(top-down induction of decision trees, TDIDT)은 탐욕 알고리즘의 한 예시이며, 데이터로부터 의사결정나무를 학습하는 가장 일반적인 방법이다. 데이터 마이닝에서 의사결정나무는 주어진 데이터의 일반화와 범주화를 돕기 위해 수학적 표현으로 기술된다.

SPSS의 의사결정나무를 사용하면, 앙케트 조사의 몇 가지 질문항목 사이에서 질문항목과 질문항목의 '관련의 강도(强度)에 대한 순위'를 조사할 수 있다.

의사결정나무란 다음과 같은 그림을 말한다.

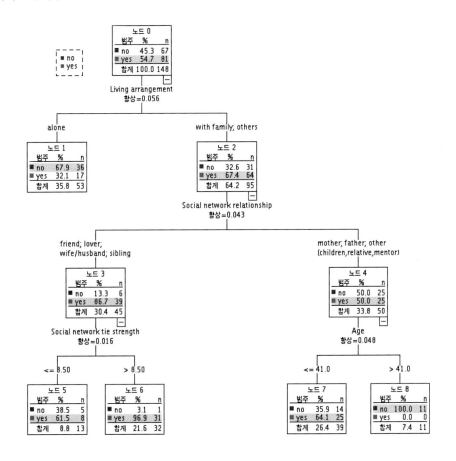

의사결정나무를 작성해서 다음의 앙케트 조사표의 항목

    [소설]   [식사]   [성별]   [개·고양이]   [문과·이과]

의 사이에서

    [소설]과 가장 관련이 강한 항목은 어느 것인가

를 탐색해 보자.

| 표 2-1 | 앙케트 조사표

항목1	귀하의 소설에 대한 취향은 어느 쪽입니까?		[소설]
	1. SF 소설	2. 추리소설	
항목2	귀하의 식사 타입 어느 쪽입니까?		[식사]
	1. 육식류	2. 초식류	
항목3	귀하의 성별은 어느 쪽입니까?		[성별]
	1. 여성	2. 남성	
항목4	귀하는 고양이파입니까, 개파입니까?		[개·고양이]
	1. 고양이파	2. 개파	
항목5	귀하는 이과계입니까, 문과계입니까?		[문과·이과]
	1. 이과계	2. 문과계	

🔁 **앙케트 조사의 결과와 SPSS의 데이터 입력**

앙케트 조사의 결과를 SPSS의 [데이터 보기]에 입력한다.

의사결정나무를 사용해서 항목의 '관련의 강도에 대한 순위'를 조사해 보자.

[데이터 입력]

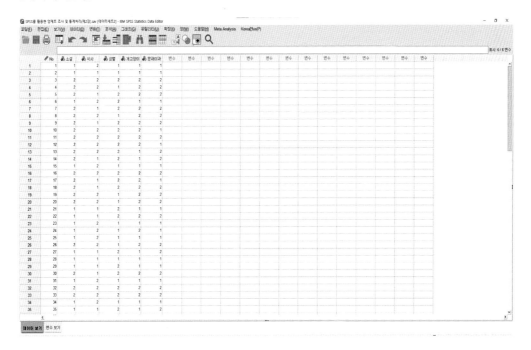

[값 레이블] 표시

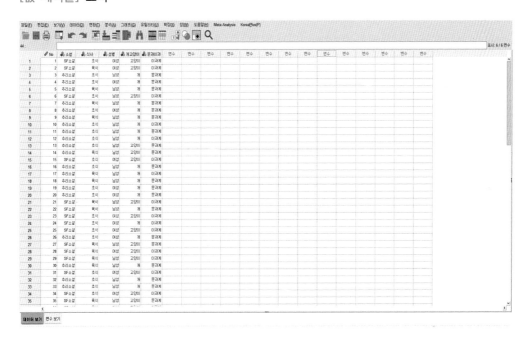

[통계처리의 순서]

《순서 1》데이터를 입력했다면, 다음과 같이 예측하고 싶은 데이터를 마지막 케이스의 아래에 추가한다. 예측하고 싶은 케이스의 종속변수 셀은 공란으로 한다.

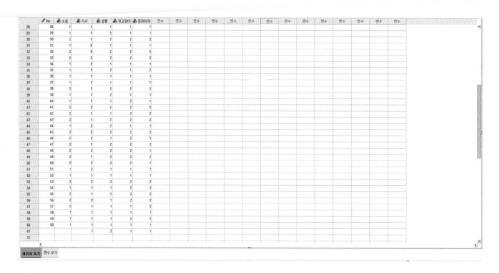

《순서 2》메뉴에서 [분석] - [분류분석] - [의사결정나무]를 선택한다.

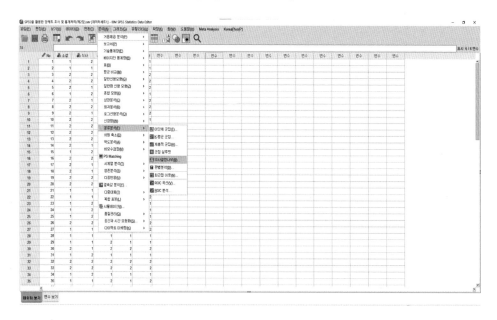

《순서 3》 다음의 화면이 되면, 각 변수의 위에서 오른쪽 클릭. 메뉴 중의 [명목형]을 선택한다.

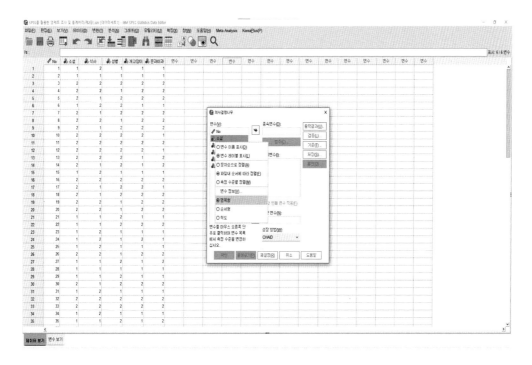

《순서 4》 소설을 [종속변수] 안에 이동한다. 이어서 식사, 성별, 개고양이, 문과이과 등을 [독립 변수] 안으로 이동하고 [출력결과]를 클릭한다.

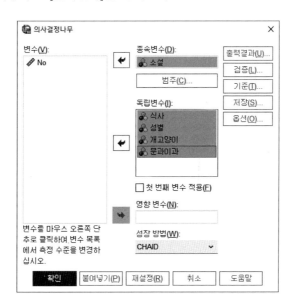

《순서 5》[출력결과]의 화면은 다음과 같이 되어 있다.

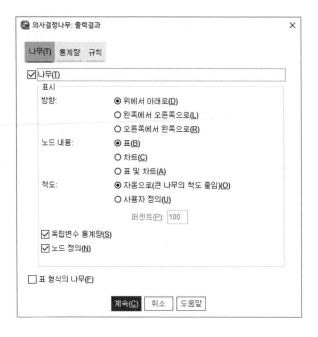

※ 여기에서는 나무의 초기상태를 제어한다거나 비표시로 한다거나 할 수 있다.

《순서 6》[통계량] 탭을 클릭하면 다음의 화면이 된다. 여기에서는 이대로 [계속]을 클릭한다.

《순서 7》[규칙] 탭을 클릭하면 다음 화면이 된다. [분류 규칙 생성]을 체크하고 [계속]을 클릭한다.

《순서 8》순서 4의 화면으로 되돌아가면, [검증]을 클릭한다. 여기에서는 이대로 [계속]을 클릭한다. 여기서는 나무 구조가 어느 정도 일반성을 갖고 있는지 조사한다.

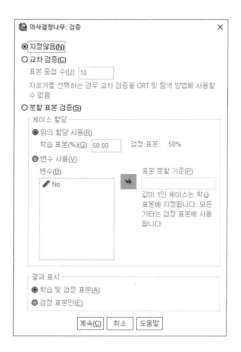

《순서 9》 순서 4의 화면으로 되돌아가면, [기준]을 클릭한다. [부모 노드]에 10을, [자식 노드]에 2를 입력한다.

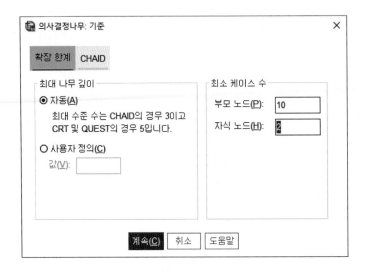

※ 데이터 수가 적을 때는 다음과 같이 설정한다.
　　부모 노드 : 10
　　자식 노드 : 2

《순서 10》 [CHAID] 탭을 클릭한다. 여기에서는 이대로 [계속]을 클릭한다.

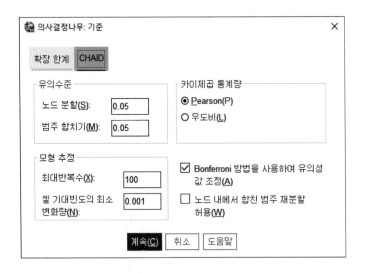

※ Pearson의 카이제곱 통계량은 독립성검정을 가리킨다.
　　[Bonferroni 방법]은 다중비교를 할 때에 여기를 체크한다.

《순서 11》 순서 4의 화면으로 되돌아가면, [저장]을 클릭한다. 여기에서는 이대로 [계속]을 클릭한다. [예측값], [예측 확률]에 체크한다.

《순서 12》 순서 4의 [옵션]을 클릭하면 다음의 화면이 된다. [계속]을 클릭해서 순서 4로 되돌아가면, [확인]을 클릭한다.

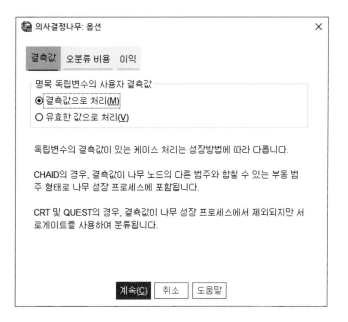

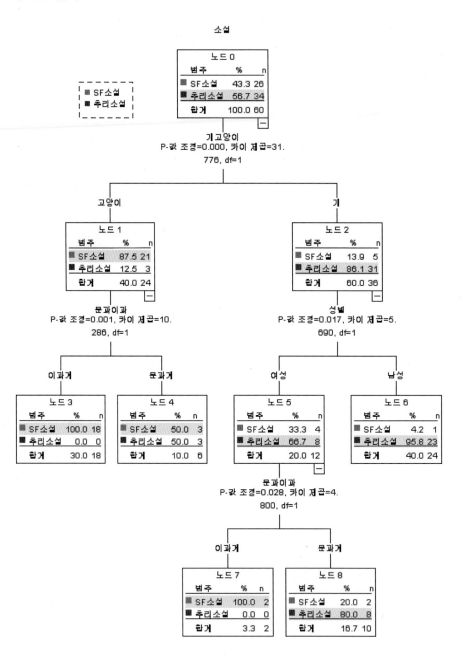

위의 의사결정나무를 보면 '소설'의 아래에 '개고양이'가 있다. 따라서

"소설과 가장 관련이 있는 요인은 개고양이다"

라고 하는 것을 알 수 있다.

그 밑에서 의사결정나무는

‘고양이파’와 ‘개파’로 나누어져 있다.

‘고양이파’의 아래가 ‘문과이과’로 되어 있다.

이것은 ‘고양이파’에서는

“‘소설’과 가장 관련이 있는 요인은 ‘문과이과’이다”

라고 하는 것을 알 수 있다.

오른쪽의 ‘개파’의 아래가 ‘성별’로 되어 있다.

이것은 ‘개파’에서는

“‘소설’과 가장 관련이 있는 요인은 ‘성별’이다”

라고 하는 것을 알 수 있다.

다음에 ‘여성’을 보면 ‘문과이과’로 되어 있다.

이것은 ‘개파’ + ‘여성’에서는

“‘소설’과 가장 관련이 있는 요인은 ‘문과이과’이다”

라고 하는 것을 알 수 있다.

분류

관측	예측		
	SF소설	추리소설	정확도 퍼센트
SF소설	23	3	88.5%
추리소설	3	31	91.2%
전체 퍼센트	43.3%	56.7%	90.0%

성장방법: CHAID
종속변수: 소설

위의 분류는 관측에 의한 소설과 예측에 의한 소설의 크로스 집계표이다.

$$\cdot\ 88.5\% = \frac{\text{예측에 의한 소설의 } SF\text{소설}}{\text{관측에 의한 소설의 } SF\text{소설}}$$
$$= \frac{23}{23+3} \times 100\%$$

$$\cdot\ 91.2\% = \frac{\text{예측에 의한 소설의 추리소설}}{\text{관측에 의한 소설의 추리소설}}$$
$$= \frac{31}{3+31} \times 100\%$$

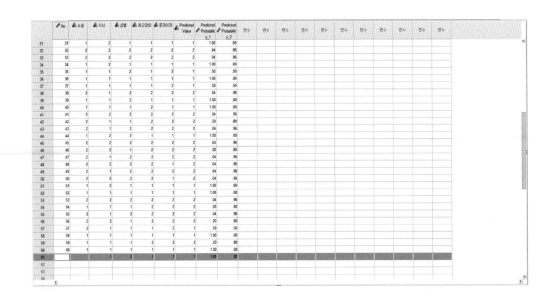

앙케트 피조사자 No.61의 예측값이 출력되어 있다. 예측값은 1이므로

"소설 중 SF소설"

이 된다.

예측될 확률이 출력되고 있다.

- 소설 중 SF소설의 확률 = 1.00
- 소설 중 추리소설의 확률 = 0.00

SPSS를 활용한
앙케트 조사 및
통계처리

대응분석에 의한
앙케트 처리

Chapter 03
대응분석에 의한 앙케트 처리

1 개요

SPSS의 대응분석을 사용하면, 앙케트 조사의 두 질문항목의 범주(category)와 범주 사이의 관계를 다음 그림과 같이 조사할 수 있다. 범주란 질문항목의 선택지를 가리킨다.

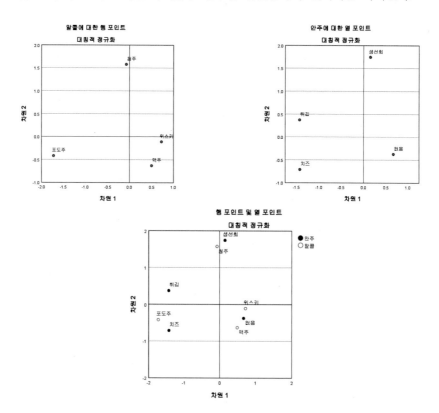

다음의 앙케트 조사표의

　　　항목1의 네 개 범주와 항목2의 네 개 범주의 관계

를 대응분석으로 탐색해 보자.

| 표 3-1 | 앙케트 조사표(1)

항목1	귀하는 다음의 알콜 음료 중 주로 어느 것을 마십니까?	[알콜]
	1. 청주　　　　　　　　　　　　2. 맥주	
	3. 포도주　　　　　　　　　　　4. 위스키	
항목2	귀하는 다음의 안주 중 주로 어느 것을 먹습니까?	[안주]
	1. 생선회　　　　　　　　　　　2. 튀김	
	3. 치즈　　　　　　　　　　　　4. 없음	

🌙 앙케트 조사의 결과와 SPSS의 데이터 입력

앙케트 조사의 결과를 SPSS의 [데이터 보기]에 입력한다.

대응분석을 사용해서 항목1과 항목2의 범주 사이의 관계를 조사해 보자.

[데이터 입력]

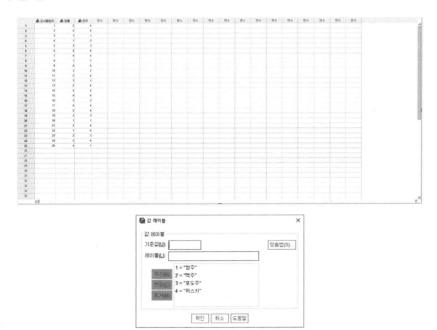

[변수 보기]에서 각 항목의 범주에 위와 같이 값 레이블(설명)을 붙인다.

[값 레이블] 표시

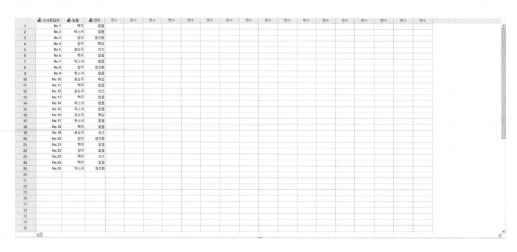

2 대응분석을 위한 순서

[통계처리의 순서]

《순서 1》데이터를 입력했다면, [분석] - [차원 축소] - [대응일치분석]을 선택한다.

《순서 2》 다음의 화면이 되면 알콜은 [행]으로, 안주를 [열]로 이동한다. [행]의 [범위 지정]을
　　　　클릭한다.

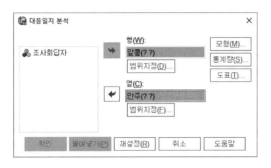

《순서 3》 알콜은 네 가지 수준으로 나누어져 있으므로, [최소값]에 1을, [최대값]에 4를 입력한
　　　　다. [업데이트]를 클릭한다.

《순서 4》 다음과 같은 화면이 된다. [열]에 대해서도 범위지정을 한다. [계속]을 클릭!

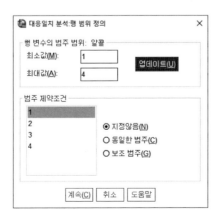

《순서 5》 다음과 같은 화면에서 [통계량]을 클릭한다.

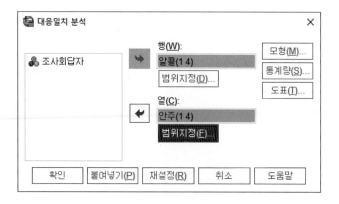

《순서 6》 다음의 화면이 되면, 아래와 같이 체크하고 [계속]을 클릭한다.

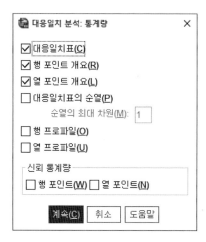

《순서 7》 다음의 화면으로 되돌아오면, [도표]를 클릭한다.

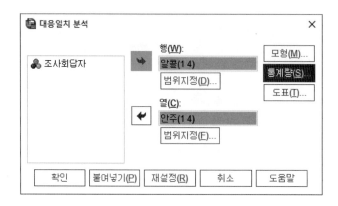

《순서 8》 다음의 화면이 되면, [Bi - 플롯]을 체크하고 [계속]을 클릭한다.

《순서 9》 앞의 화면으로 되돌아오면, [모형]을 클릭한다. [모형]의 화면은 이대로 하고 [계속]을 클릭한 다음 순서 7의 화면으로 되돌아오면 [확인]을 클릭한다.

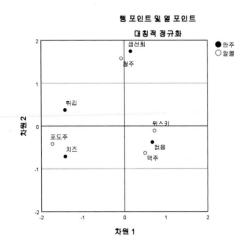

이것이 Bi - 플롯이다. 행 포인트와 열 포인트 차원의 점수를 같은 평면상에 표현하고 있다. 이것이 대응분석의 중심부분이다.

이 그림을 보면서 범주와 범주의 위치관계를 조사한다. 청주를 마시면서 생선회를 마시고 있다거나 치즈와 포도주는 잘 어울린다는 것을 알 수 있다. 맥주나 위스키는 안주 없이 마시는 것 같이 보인다.

행 포인트 개요[a]

알콜	매스	차원의 점수 1	2	요약 관성	기여도 차원의 관성에 대한 포인트 1	2	포인트의 관성에 대한 차원 1	2	전체
청주	.200	-.073	1.578	.331	.001	.751	.003	.997	1.000
맥주	.320	.495	-.629	.149	.095	.191	.434	.564	.998
포도주	.200	-1.730	-.418	.517	.726	.053	.955	.045	1.000
위스키	.280	.723	-.109	.123	.177	.005	.979	.018	.997
전체 합	1.000			1.119	1.000	1.000			

a. 대칭적 정규화

열 포인트 개요[a]

안주	매스	차원의 점수 1	2	요약 관성	기여도 차원의 관성에 대한 포인트 1	2	포인트의 관성에 대한 차원 1	2	전체
생선회	.160	.153	1.744	.326	.005	.734	.009	.990	1.000
튀김	.120	-1.429	.373	.213	.297	.025	.947	.052	.998
치즈	.160	-1.424	-.711	.321	.394	.122	.833	.167	.999
없음	.560	.670	-.375	.259	.305	.119	.798	.202	1.000
전체 합	1.000			1.119	1.000	1.000			

a. 대칭적 정규화

대응분석 차원의 점수는 범주 수량화와 다음과 같은 관계로 되어 있다.

| 표 3-2 | 평균 0, 분산 1의 범주 수량화

알콜의 범주	범주 수량화	
	차원1	차원2
청주	- 0.080	1.938
맥주	0.545	- 0.772
포도주	- 1.905	- 0.513
위스키	0.796	- 0.134

| 표 3-3 | 대응분석 차원의 점수

알콜의 범주	범주 수량화	
	차원1	차원2
청주	$-0.080 \times \sqrt{0.824} = -0.073$	$1.938 \times \sqrt{0.663} = 1.578$
맥주	$0.545 \times \sqrt{0.824} = 0.495$	$-0.772 \times \sqrt{0.663} = -0.629$
포도주	$-1.905 \times \sqrt{0.824} = -1.730$	$-0.513 \times \sqrt{0.663} = -0.418$
위스키	$0.796 \times \sqrt{0.824} = 0.723$	$-0.134 \times \sqrt{0.663} = -0.109$

↑ 0.824는 [요약]의 비정칙값이다   ↑ 0.663은 [요약]의 비정칙값이다

매스는 다음과 같이 구하고 있다.

$$0.200 = \frac{5}{25}, \quad 0.320 = \frac{8}{25}, \quad 0.200 = \frac{5}{25}, \quad 0.280 = \frac{7}{25}$$

대응일치표

알콜	안주				
	생선회	튀김	치즈	없음	주변합
청주	3	1	0	1	5
맥주	0	0	1	7	8
포도주	0	2	3	0	5
위스키	1	0	0	6	7
주변합	4	3	4	14	25

알콜과 안주의 크로스 집계표이다.

요약

차원	비정칙값	요약 관성	카이제곱	유의확률	관성비율 설명됨	관성비율 누적	신뢰 비정칙값 표준편차	상관관계 2
1	.824	.679			.607	.607	.099	.054
2	.663	.439			.393	.999	.153	
3	.025	.001			.001	1.000		
전체		1.119	27.986	.001ᵃ	1.000	1.000		

a. 자유도 9

요약 관성의 기여율은 다음과 같이 계산하고 있다.

$$요약\ 관성의\ 기여율 = \frac{요약\ 관성}{요약\ 관성의\ 합계}$$

따라서,

$$0.607 = \frac{0.679}{0.679 + 0.439 + 0.001}$$

$$0.393 = \frac{0.439}{0.679 + 0.439 + 0.001}$$

$$0.001 = \frac{0.001}{0.679 + 0.439 + 0.001}$$

이 된다.

차원1이 전체의 60.7%를 설명하고 있다는 것을 나타내고 있다.

스포츠 관전의 기호에 관한 다음과 같은 앙케트 조사를 실시했다.

| 표 3-4 | 앙케트 조사표(2)

다음에 보이는 9가지 스포츠 중에서 관전을 하는 것이 좋은 것에 ○표를 해 주십시오. 몇 가지를
골라도 괜찮습니다.

1. 배구   2. 야구   3. 골프   4. 농구   5. 축구

6. 럭비   7. 권투   8. 씨름   9. 테니스

이 앙케트 조사의 회답결과를 일람표로 한 것이 다음의 <표 3-5>이다. 회답자는 25명이고 데이터표의 '1'이라고 하는 숫자는 해당 열의 스포츠를 선택한 것을 나타내고 있다. 이 데이터표에 대해서 대응분석을 적용해 보자.

| 표 3-5 | 스포츠 관전 데이터표

회답자	배구	야구	골프	농구	축구	럭비	권투	씨름	테니스
1	1	0	1	0	0	0	0	0	1
2	0	1	1	0	1	1	0	0	0
3	0	1	1	0	1	1	1	0	0
4	1	1	0	0	1	0	0	0	0
5	0	1	0	0	0	1	0	0	0
6	0	0	0	0	0	0	1	1	1
7	1	0	1	0	1	0	1	1	1
8	0	1	0	0	0	0	1	1	0
9	0	1	1	0	0	0	0	0	1
10	0	0	1	1	0	0	0	0	1
11	1	0	1	1	0	0	0	0	0
12	0	1	0	0	1	1	0	0	0
13	1	1	0	1	0	1	0	0	1
14	0	1	0	0	1	1	1	0	0
15	1	1	0	0	0	1	0	1	0
16	0	1	0	0	1	0	0	0	0
17	0	1	1	1	1	0	0	0	1
18	1	1	0	1	0	0	1	0	0
19	0	1	0	1	1	0	0	0	1
20	1	1	0	0	0	0	0	0	0
21	0	1	0	0	1	1	0	0	1
22	0	1	0	1	1	1	0	0	0
23	0	1	0	0	0	1	1	1	0
24	1	1	0	1	0	0	0	1	0
25	0	1	1	0	0	0	0	0	1

[통계처리의 순서]

《순서 1》 다음과 같이 데이터를 입력한다.

	응답자	스포츠
1	1	1
2	1	3
3	1	9
4	2	2
5	2	3
6	2	5
7	2	6
8	3	2
9	3	3
10	3	5
11	3	6
12	3	7
13	4	1
14	4	2
15	4	5
16	5	2
17	5	6
18	6	7
19	6	8
20	6	9
21	7	1
22	7	3
23	7	5
24	7	7
25	7	8
26	7	9
27	8	2
28	8	7
29	8	8
30	9	2
31	9	3
32	9	9
33	10	3
34	10	4
35	10	9

[값 레이블] 표시

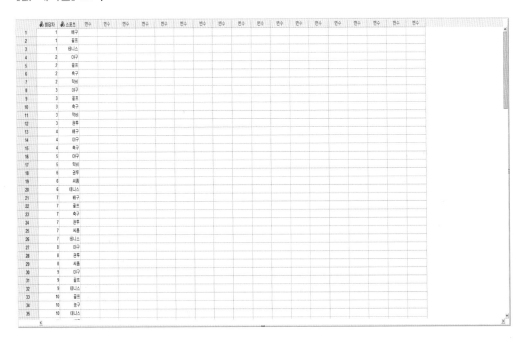

	응답자	스포츠
1	1	배구
2	1	골프
3	1	테니스
4	2	야구
5	2	골프
6	2	축구
7	2	럭비
8	3	야구
9	3	골프
10	3	축구
11	3	럭비
12	3	권투
13	4	배구
14	4	야구
15	4	축구
16	5	야구
17	5	럭비
18	6	권투
19	6	씨름
20	6	테니스
21	7	배구
22	7	골프
23	7	축구
24	7	권투
25	7	씨름
26	7	테니스
27	8	야구
28	8	권투
29	8	씨름
30	9	야구
31	9	골프
32	9	테니스
33	10	골프
34	10	농구
35	10	테니스

SPSS를 활용한 앙케트 조사 및 통계처리

《순서 2》 메뉴에서 [분석] - [차원 축소] - [대응일치분석]을 선택한다.

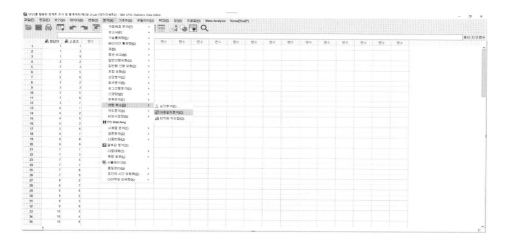

《순서 3》 다음 화면에서 [행]에는 회답자(범위는 1~25), [열]에는 스포츠(범위는 1~9)를 각각
이동한다. [확인]을 클릭한다.

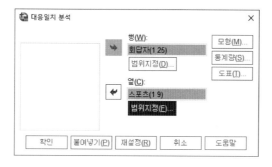

[SPSS에 의한 출력]

요약

차원	비정칙값	요약 관성	카이제곱	유의확률	관성비율 설명됨	관성비율 누적	신뢰 비정칙값 표준편차	상관관계 2
1	.627	.393			.273	.273	.058	.121
2	.580	.337			.234	.507	.070	
3	.483	.233			.162	.669		
4	.367	.134			.093	.763		
5	.346	.120			.083	.846		
6	.318	.101			.070	.916		
7	.257	.066			.046	.962		
8	.233	.054			.038	1.000		
전체		1.440	131.011	1.000[a]	1.000	1.000		

a. 자유도 192

(0, 1)형 데이터의 경우에 관성비율의 값은 크로스 집계표일 때만큼 큰 값이 되지 않는 것이 일반적이다. 또한 카이제곱의 숫자와 유의확률은 참고가 되지 않는다.

행 포인트 개요[a]

회답자	매스	차원의 점수 1	차원의 점수 2	요약 관성	기여도 차원의 관성에 대한 포인트 1	기여도 차원의 관성에 대한 포인트 2	기여도 포인트의 관성에 대한 차원 1	기여도 포인트의 관성에 대한 차원 2	기여도 전체
1	.033	-1.337	.558	.074	.094	.018	.497	.080	.577
2	.044	.134	-.959	.044	.001	.070	.011	.532	.544
3	.055	.451	-.402	.044	.018	.015	.159	.117	.276
4	.033	.117	-.410	.051	.001	.010	.006	.063	.069
5	.022	.954	-1.041	.053	.032	.041	.237	.261	.498
6	.033	.639	1.742	.104	.021	.172	.081	.561	.642
7	.066	-.018	.780	.055	.000	.069	.000	.427	.427
8	.033	1.304	1.395	.087	.089	.110	.404	.428	.833
9	.033	-.950	-.053	.054	.047	.000	.345	.001	.346
10	.033	-1.645	.186	.074	.142	.002	.752	.009	.761
11	.033	-1.367	.451	.078	.098	.012	.495	.050	.545
12	.033	.803	-1.297	.047	.034	.096	.281	.680	.961
13	.055	-.362	-.075	.039	.011	.001	.114	.004	.119
14	.044	1.032	-.516	.052	.075	.020	.564	.131	.695
15	.044	.735	.528	.063	.038	.021	.236	.113	.349
16	.022	.503	-1.218	.048	.009	.056	.072	.391	.463
17	.055	-.786	-.375	.038	.054	.013	.565	.119	.684
18	.044	-.001	.623	.060	.000	.029	.000	.166	.166
19	.044	-.514	-.483	.044	.019	.018	.166	.135	.301
20	.022	-.073	.289	.059	.000	.003	.001	.018	.019
21	.044	.230	-.869	.041	.004	.057	.035	.467	.503
22	.044	.208	-.950	.044	.003	.068	.027	.523	.550
23	.044	1.328	.682	.071	.124	.035	.686	.168	.853
24	.044	-.010	.914	.066	.000	.063	.000	.324	.324
25	.044	-1.107	-.017	.049	.086	.000	.688	.000	.688
전체 합	1.000			1.440	1.000	1.000			

a. 대칭적 정규화

열 포인트 개요[a]

스포츠	매스	차원의 점수 1	차원의 점수 2	요약 관성	기여도 차원의 관성에 대한 포인트 1	기여도 차원의 관성에 대한 포인트 2	기여도 포인트의 관성에 대한 차원 1	기여도 포인트의 관성에 대한 차원 2	기여도 전체
배구	.099	-.411	.700	.192	.027	.084	.054	.147	.201
야구	.220	.319	-.365	.077	.036	.050	.182	.221	.403
골프	.099	-1.174	.032	.168	.217	.000	.509	.000	.510
농구	.099	-.989	.052	.159	.154	.000	.383	.001	.384
축구	.121	.313	-1.049	.150	.019	.229	.049	.514	.563
럭비	.110	.879	-.844	.163	.135	.135	.326	.278	.604
권투	.077	1.078	1.059	.178	.142	.149	.315	.282	.597
씨름	.066	1.057	1.734	.198	.117	.342	.233	.582	.815
테니스	.110	-.933	.240	.155	.152	.011	.387	.024	.410
전체 합	1.000			1.440	1.000	1.000			

a. 대칭적 정규화

(0, 1)형 데이터의 경우에 행 변수를 회답자로 하는 것이 일반적이므로, 행의 수가 많아지기 쉽다. 이 때문에 행 점수와 열 점수의 동시배치도는 보기 어려운 것이 되는 경우가 많다. 따라서 동시 배치도뿐만 아니라 행과 열 각각의 배치도도 출력시키는 편이 좋다.

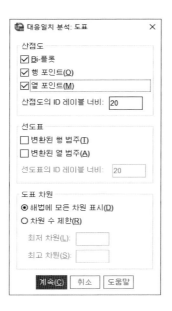

회답자에 대한 행 포인트, 스포츠에 대한 열 포인트, 행 포인트 및 열 포인트의 산점도는 각각 다음과 같다.

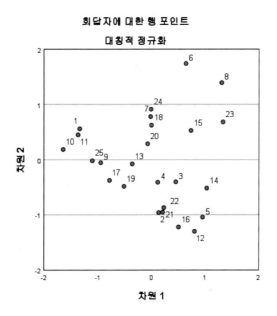

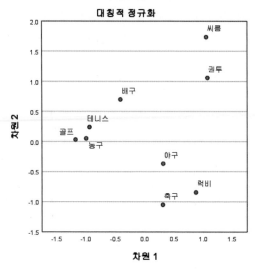

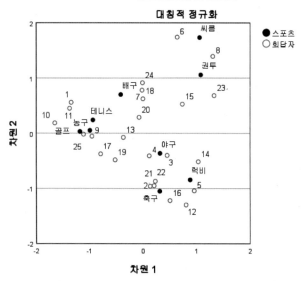

(0, 1)형 데이터의 경우에 동시배치의 결점으로서, 행 측의 점이 많으므로 어느 점까지가 어떤 하나의 열 요소와 관계하고 있는지 알기 어려운 점을 들 수 있다.

그래서 행 점수의 배치도(산점도)를 열의 요소마다 1과 0으로 층별한 배치도를 작성해 보면 된다. 예를 들면, 야구를 선택한 사람(1)과 선택하지 않은 사람(0)으로 행 점수의 배치도를 층별(색을 나눔)하는 것이다.

이와 같은 층별 배치도는 <표 3-5>의 (0, 1)형 데이터표와 행 점수를 SPSS상의 데이터 편집기에 다음과 같이 입력하고, 차원1과 차원2의 산점도를 스포츠마다 작성하게 된다.

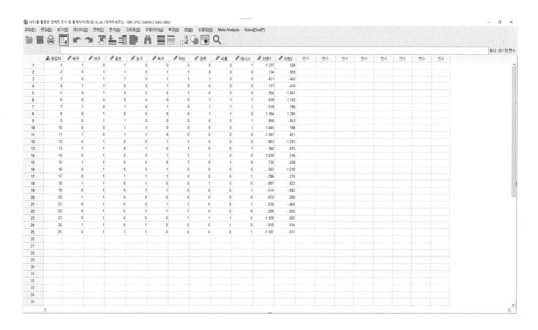

각각의 산점도는 다음과 같이 [X축]에 차원1, [Y축]에 차원2를 입력하고 [표식 기준]으로서 각 스포츠 종목을 입력하여 작성할 수 있다.

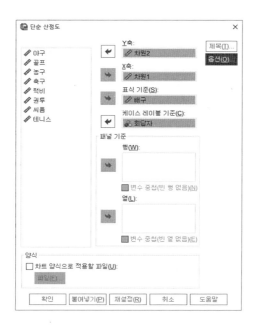

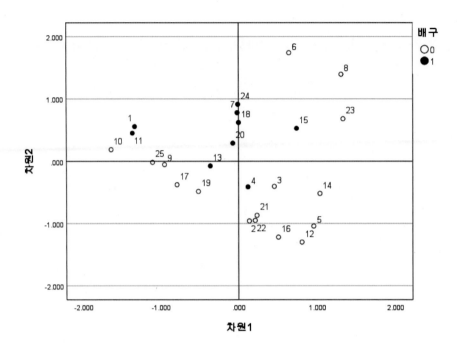

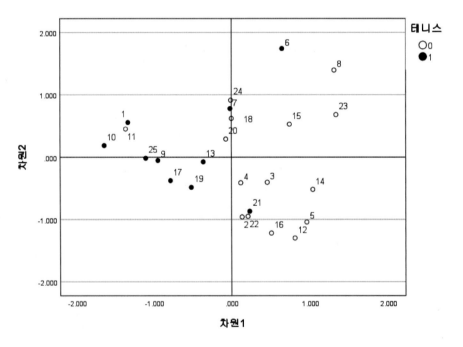

SPSS를 활용한 앙케트 조사 및 통계처리

SPSS를 활용한
앙케트 조사 및
통계처리

다중대응분석에 의한 앙케트 처리

Chapter 04
다중대응분석에 의한 앙케트 처리

1 개요

SPSS의 다중대응분석을 사용하면, 앙케트 조사의 세 가지 이상의 질문항목에 대한 범주와 범주의 관계를 다음 그림과 같이 조사할 수 있다.

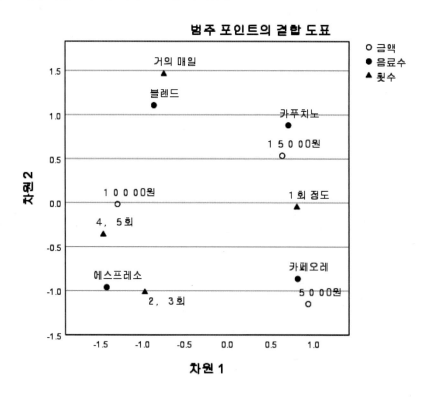

범주 포인트의 결합 도표

다음의 앙케트 조사표 <표 4-1>의 항목1, 항목2, 항목3의 범주 사이에 어떠한 관계가 있는지 탐색해 보자.

Hint

대응분석은 분할표로 나타내어지는 자료의 행과 열 범주를 저차원 공간상(2차원)의 점들로 동시에 나타내어, 그들의 관계를 탐구하려는 탐색적 자료분석기법이다.
- 단순대응분석 : 행과 열 범주를 나타내는 변수가 둘뿐인 이원분할표의 대응분석
- 다중대응분석 : 범주를 나타내는 변수가 두 개인 2변량 대응분석을 포함하여 변수가 셋 이상인 다원분할표의 대응분석

Hint

대응분석이 다변량 자료분석으로 널리 알려진 때는 1980년대이다. 대응분석의 수리적인 기원은 1930년대 Hirshfeld의 『상관관계와 분할표의 연관성』이라는 논문이고, 1940~1950년대에 몇몇 학자들에 의해서 더욱 발전되었다. 대응분석의 기하적인 면은 1960년대 프랑스에서 Jean-Paul Benzecri에 의해서 발전되었다. 일본에서는 1950년대 Chikio Hayashi에 의해서 수량화 제3류 방법으로 개발되어 발전되었고, 프랑스에서는 1960년대 Jean-Paul Benzecri가 이끄는 자료분석 모임이 다양한 분야로부터 수집된 자료를 분석하는 데 대응분석 기법을 응용하고 발전시켰다.

| 그림 4-1 | 벤제크리(1932~2019) 마지막 강의 모습과 하야시 치키오와 함께

| 표 4-1 | 앙케트표

항목1 **귀하가 카페에서 주문하는 것은 다음 중 어느 것입니까?** [음료수]
1. 블렌드 2. 카페오레
3. 에스프레소 4. 카푸치노

항목2 **귀하는 카페에서 1회 얼마 정도 씁니까?** [금액]
1. 5000원 2. 10000원 3. 15000원

항목3 **귀하는 1주일간에 몇 회 카페를 이용하십니까?** [횟수]
1. 1회 정도 2. 2, 3회
3. 4, 5회 4. 거의 매일

앙케트 조사의 결과와 SPSS의 데이터 입력

앙케트 조사의 결과를 SPSS의 [데이터 보기]에 입력한다.

다중대응분석을 사용해서 항목1, 항목2, 항목3의 범주 사이의 관계를 조사해 보자.

[데이터 입력]

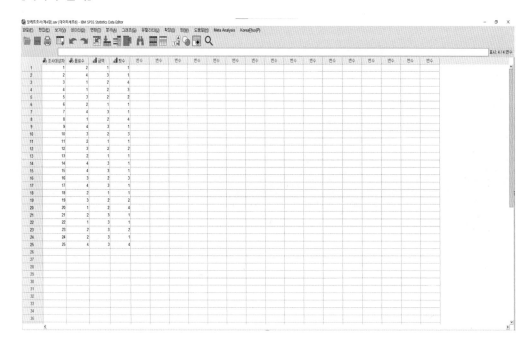

[값 레이블] 표시

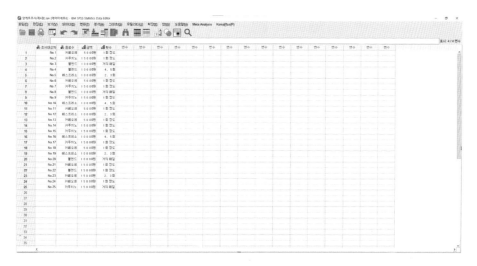

| 2 | 다중대응분석을 위한 순서 |

[통계처리의 순서]

《순서 1》데이터를 입력했다면, [분석] - [차원 축소] - [최적화 척도법]을 선택한다.

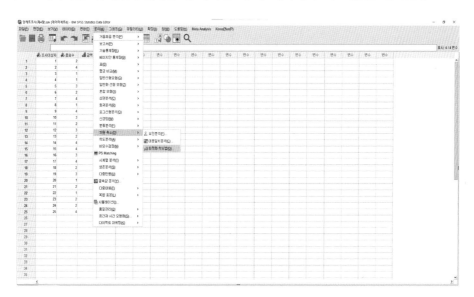

《순서 2》 다음의 화면과 같이 선택하고 [정의]를 클릭한다.

《순서 3》 [다중대응일치분석]의 화면이 되면, 음료수를 [분석 변수]로 이동한다.

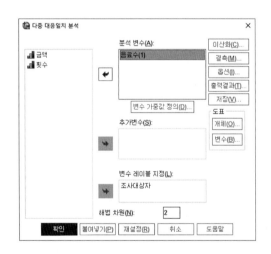

《순서 4》 변수의 가중값을 정의하고 싶을 때는 [변수 가중값 정의]를 클릭하고, 변수의 가중값
을 입력한다. 여기에서는 1을 그대로 하고 [계속]을 클릭한다.

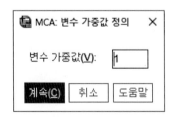

《순서 5》 다음에 금액, 횟수를 각각 클릭해서 [분석 변수] 안으로 이동한다. 조사대상자를 [변수 레이블 지정]으로 이동한다. 이어서 [출력결과]를 클릭한다.

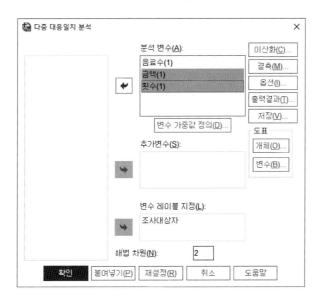

《순서 6》 [출력결과]의 화면에서 다음과 같이 체크하고, [양적 변수]의 음료수, 금액, 횟수 등을 [범주 수량화 및 기여도]와 [개체 점수 옵션] 중의 [다음 범주 포함]으로 이동한다. 그리고 조사대상자를 [개체 점수 레이블 기준]으로 이동하고, [계속]을 클릭한다.

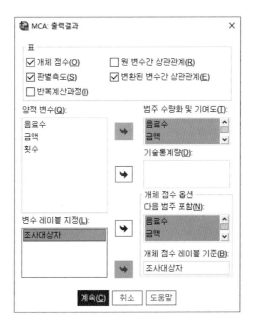

《순서 7》 순서 5로 화면이 되돌아오면 [도표] 중의 [개체]를 클릭한다. 다음의 화면이 되면, 아래와 같이 체크·입력하고 [계속]을 클릭한다.

《순서 8》 순서 5로 화면이 되돌아오면 [도표] 중의 [변수]를 클릭한다. [변수도표]의 화면에서 음료수, 금액, 횟수를 [결합범주도표]로 이동하고 [계속]을 클릭한다.

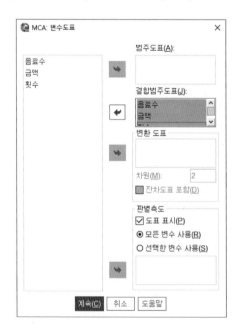

《순서 9》 순서 5로 화면이 되돌아오면 [이산화]를 클릭한다. 여기에서는 [저장되지 않음]인 채 [취소]를 클릭한다. 순서 5로 화면이 되돌아오면 [확인]을 클릭한다.

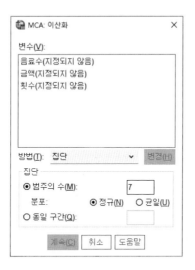

※ [방법(T)]에는 지정되지 않음, 집단, 순위, 곱하기 등이 있다. 지정되지 않음의 경우, 변수는 "정규분포하는 7개의 범주"에 할당된다. 문자형 변수는 문자의 오름차순에 따라 플러스 정수(整數)로 범주를 할당한다.

※ 이산화란 "변수값의 재할당"을 가리킨다.

[SPSS에 의한 출력]

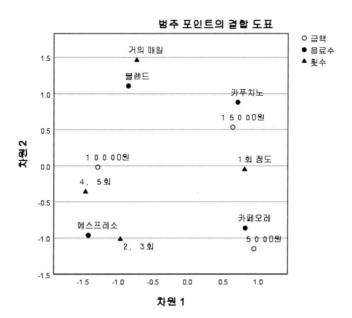

중심좌표(重心座標)를 평면(차원1, 차원2)상에 도시한 것이다.

예를 들면, '블렌드'와 '거의 매일'의 경우에 중심좌표는

$$(-0.862, \ 1.107) \qquad (-0.743, \ 1.462)$$

이므로, 다음과 같이 도시(圖示)된다.

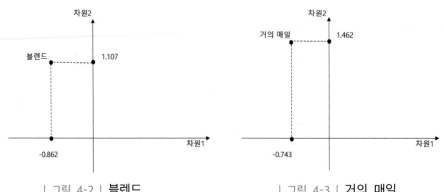

| 그림 4-2 | 블렌드　　　　　　　　| 그림 4-3 | 거의 매일

판별측도

	차원		평균
	1	2	
음료수	.908	.885	.897
금액	.957	.389	.673
횟수	.862	.524	.693
전체 합	2.727	1.799	2.263
% 분산	90.903	59.971	75.437

판별측도의 차원은 다중대응분석의 중심좌표에서 이용한다.

가령 '블렌드'와 '거의 매일'이 가까우므로, '블렌드'를 마시는 사람은 '거의 매일' 카페에 들리고 있다고 생각할 수 있다.

음료수

포인트: 좌표

범주	빈도	중심값 좌표 차원	
		1	2
블렌드	5	-.862	1.107
카페오레	8	.814	-.863
에스프레소	5	-1.429	-.961
카푸치노	7	.705	.881

변수 주 정규화

금액

포인트: 좌표

범주	빈도	중심값 좌표 차원	
		1	2
5000원	5	.938	-1.147
10000원	9	-1.296	-.017
15000원	11	.634	.535

변수 주 정규화

횟수

포인트: 좌표

범주	빈도	중심값 좌표 차원 1	중심값 좌표 차원 2
1회 정도	14	.805	-.050
2, 3회	4	-.973	-1.016
4, 5회	3	-1.468	-.360
거의 매일	4	-.743	1.462

변수 주 정규화

다중대응분석의 중심좌표는 범주 수량화와 다음과 같은 관계로 되어 있다.

| 표 4-2 | 평균 0, 분산 1의 범주 수량화

항목1의 범주	범주 수량화 차원1	범주 수량화 차원2
블렌드	-0.905	1.177
카페오레	0.854	-0.917
에스프레소	-1.500	-1.022
카푸치노	0.740	0.936

| 표 4-3 | 다중대응분석의 중심좌표

항목1의 범주	범주 수량화 차원1	범주 수량화 차원2
블렌드	$-0.905 \times \sqrt{0.908} = -0.862$	$1.177 \times \sqrt{0.885} = 1.107$
카페오레	$0.854 \times \sqrt{0.908} = 0.814$	$-0.917 \times \sqrt{0.885} = -0.863$
에스프레소	$-1.500 \times \sqrt{0.908} = -1.429$	$-1.022 \times \sqrt{0.885} = -0.961$
카푸치노	$0.740 \times \sqrt{0.908} = 0.705$	$0.936 \times \sqrt{0.885} = 0.881$

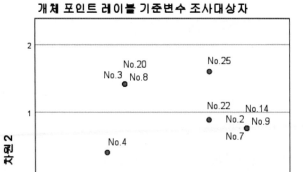

개체 포인트 레이블 기준변수 조사대상자

각 조사대상자의 개체 포인트를 평면상에 그래프 표현하고 있다.

이 그림으로부터 "비슷한 반응을 보이는 조사대상자는 누구와 누구인가?"를 조사할 수 있다.

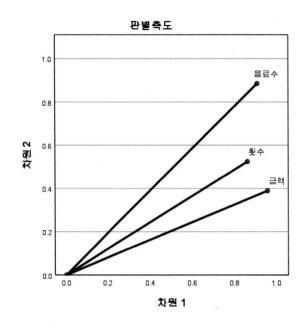

판별측도

이 그래프로부터는 원래의 정보가 각 차원에서 설명되는 정도를 볼 수 있다. 금액과 횟수는 차원1로 설명되는 비율이 비교적 많다는 것을 알 수 있다. 그러나 음료수의 정보는 차원1과 차원2로는 충분히 설명할 수 없다는 것을 알 수 있다.

대응분석은 다변량 범주형 자료를 대상으로 하는 탐색적 자료분석이다. 이변량의 경우 단순대응분석 이라고 하며 분할표의 정보를 저차원의 공간에 시각화하여 두 범주형 변수의 상관관계를 파악할 수 있다. 다중대응분석(multiple CA)은 단순대응분석(2차원 분할표에 대해 적용)을 범주형 변수가 여러 개 인 경우로 확장한 분석이다. 이 외에도 고차원의 데이터를 저차원으로 축소하여 시각화하는 방법에는 주성분석, 요인분석, 다차원척도법 등이 있다. 정리하면, 대응분석은 변수 간 상관관계 정보뿐만 아니 라 변수가 갖는 범주들이 어떤 패턴으로 관련되어 있는지 알 수 있는 강점이 있다고 할 수 있다.

다중대응분석은 단순대응분석의 확장이므로 단순대응분석을 예시로 들어 설명할 수 있다. 단순대 응분석은 이변량 범주형 자료에 의해 형성된 분할표를 기반으로 행 범주와 열 범주를 나타내는 좌 표(coordinates)를 유도하여 2차원에 매핑하고, 범주들 간의 연관 패턴을 그림으로 나타내는 방법이 다. 행/열 범주를 나타내는 좌표축은 연속형 자료에 대한 주성분석(PCA 분석)에서 주성분과 유사 한 의미를 가진다.

아래의 왼쪽 그림이 단순대응분석을 수행한 결과를 시각화한 것으로, 범주들이 서로 가까이 위치 할수록 유사도가 높다고 할 수 있다. 이때, 주의해야 할 것은 그래프가 대칭 biplot의 경우 행 간 또 는 열 간 사이의 거리만 유의미하게 해석되며 행과 열 사이의 거리는 유의미하지 않아 대략적인 관 계만 파악할 수 있다(각 행 범주와 열 범주가 어느 한 쪽의 기준에 맞게 좌표가 변환된 것이 아니 므로 비교할 수 없다). 따라서, 행과 열 사이의 거리를 유의미하게 해석하기 위해서는 비대칭 biplot 을 이용해야 한다.

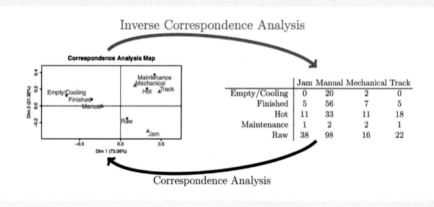

Chapter 05

범주형 회귀분석에
의한 앙케트 처리

1 개요

　범주형 회귀분석에서는 범주에 숫자 값을 할당하여 범주형 데이터를 수량화함으로써 변환된 변수에 대한 최적 선형 회귀방정식을 작성한다. 범주형 회귀분석은 약자로 CATREG (categorical regression)라고도 한다.

　통계학에서 선형회귀(linear regression)는 종속 변수 y와 한 개 이상의 독립변수(또는 설명 변수) x와의 선형 상관관계를 모델링하는 회귀분석 기법이다. 한 개의 설명 변수에 기반한 경우에는 단순선형회귀(simple linear regression), 둘 이상의 설명 변수에 기반한 경우에는 다중선형회귀라고 한다. 변수는 보통 양적변수이고 (명목) 범주형 데이터를 사용하는 변수는

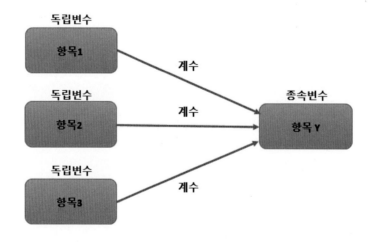

| 그림 5-1 | 범주형 회귀분석의 경로도형

이분형이나 대비 변수로 코딩 변경된다. 이에 따라 범주형 변수는 개별 케이스 그룹으로 제시되고 이 분석 기법을 사용하여 각 그룹의 개별 모수 세트를 추정한다. 추정된 계수는 예측변수의 변경이 반응에 미치는 영향을 반영한다. 예측변수 값의 모든 조합에 대하여 반응 예측이 가능하다.

또 다른 방법은 범주형 예측변수 값 자체에 대한 반응을 회귀분석하는 것이다. 즉, 각 변수에 대해 하나의 계수를 추정하는 것이다. 그러나 범주형 변수의 경우 범주값이 임의적이기 때문에 여러 방법으로 범주를 코딩하면 다른 계수가 만들어져 같은 변수의 비교 분석이 어렵게 된다.

범주형 회귀분석에서는 명목, 순서 및 연속 변수를 동시에 척도화함으로써 표준 회귀분석을 확장시킨다. 이 프로시저에서는 범주형 변수를 수량화하여 원래 범주의 특성을 반영한다. 이 프로시저에서는 수량화된 범주형 변수를 연속 변수와 동일한 방법으로 처리한다. 비선형 변환을 사용하면 변수를 여러 다양한 수준으로 분석하여 최적의 적합 모형을 찾을 수 있다.

SPSS의 범주형 회귀분석을 사용하면, 앙케트 조사의 명목 데이터의 질문항목과 그 밖의 질문항목과의 관계를 위의 그림과 같이 조사할 수 있다.

다음 앙케트 조사표로 '알콜'과 '성별', '연령대', '식사'의 관계를 탐색하기 위해 '알콜'을 종속변수, '성별', '연령대', '식사'를 독립변수로 해서 범주형 회귀분석을 실시해 보자.

| 표 5-1 | 앙케트 조사표

항목1	**귀하는 다음의 알콜 음료 중 주로 어느 것을 마십니까?**		[알콜]
	1. 청주	2. 포도주	3. 맥주
항목2	**귀하의 성별은 어느 쪽입니까?**		[성별]
	1. 남성	2. 여성	
항목3	**귀하의 연령대는 다음 중 어디에 해당됩니까?**		[연령대]
	1. 20대	2. 30대	3. 40대
	4. 50대	5. 60대	
항목4	**귀하의 식사 타입은 어느 쪽입니까?**		[식사]
	1. 채식	2. 육식	

◉ 앙케트 조사의 결과와 SPSS의 데이터 입력

앙케트 조사의 결과를 SPSS의 [데이터 보기]에 입력한다.

범주형 회귀분석을 사용해서 항목 사이의 관계를 조사해 보자.

[데이터 입력]

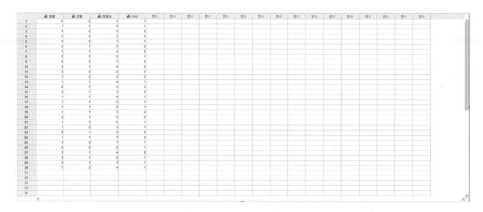

[변수 보기]에서 각 항목의 범주에 위와 같이 값 레이블(설명)을 붙인다.

[값 레이블] 표시

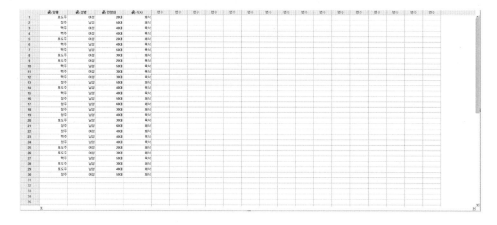

범주형 회귀분석을 위한 순서

[통계처리의 순서]

《순서 1》 데이터를 입력했다면, [분석] - [회귀분석] - [범주형 회귀]를 선택한다.

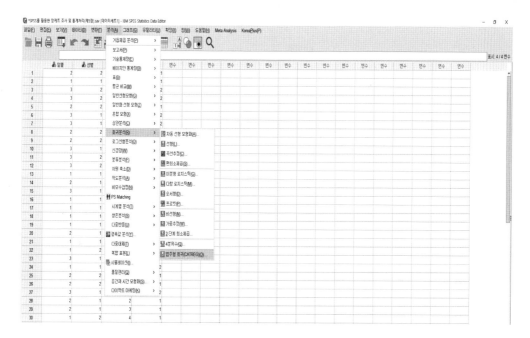

《순서 2》 [범주형 회귀]의 화면이 되면, 알콜을 [종속변수]로 이동하고 [척도 정의]를 클릭한다.

《순서 3》 [척도 정의]의 화면이 되면, [명목]을 선택하고 [계속]을 클릭한다.

《순서 4》 성별, 연령대, 식사의 각 변수를 [독립변수]로 이동하고 [척도의 정의]를 클릭한다.

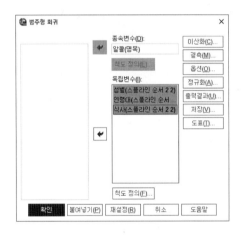

《순서 5》 [척도 정의]의 화면에서 [명목]을 선택하고 [계속]을 클릭한다.

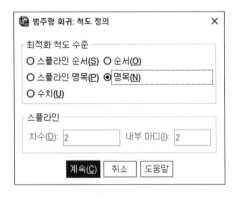

※ 스플라인 곡선(spline curve)은 주어진 복수의 제어점을 통과하는 부드러운 곡선으로, 인접한 두 점 사이에의 구간마다 별도의 다항식을 이용해 곡선을 정의한다. 스플라인은 금속이나 나무로 된 가늘고 긴

자를 뜻한다. 스플라인은 탄력이 있어 자유롭게 변형되는 곡선을 만들 수 있어, 자연스러운 곡선을 그리는 데 이용된다. n차 스플라인 곡선은 n차 다항식을 이용한 것이지만, 일반적으로 스플라인 곡선은 3차 곡선을 이용한 보간법으로 널리 이용되고 있다. 또한 1차 스플라인 곡선은 꺾은선 그래프에 해당한다. n차 스플라인 곡선의 0차에서 n-1차까지의 미분은 모든 점에서 연속이다. 3차 곡선의 경우 끝점의 2차 미분이 0이 되게 함으로써 각 다항식의 모든 계수가 구해진다. 이 조건에서 얻은 것을 자연 스플라인 곡선이라 한다. 이 계수를 구하기 위해 연립방정식을 풀어야 하지만, 3중 대각행렬의 역행렬을 구하는 문제와 같으므로, 적은 계산으로 구할 수 있다.

《순서 6》 다음의 화면이 되면 [이산화]를 클릭한다.

《순서 7》 알콜, 성별, 연령대, 식사를 선택해서 [변경]을 클릭한다.

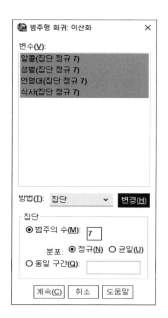

위와 같이 되므로, [계속]을 클릭한다.

《순서 8》 다음의 화면이 되면 [옵션]을 클릭한다.

《순서 9》 [초기설정] 부분의 [임의]를 선택하고 [계속]을 클릭한다.

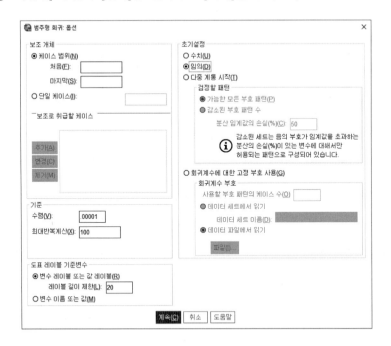

《순서 10》 다음의 화면이 되면 [출력결과]를 클릭한다.

《순서 11》 알콜, 성별, 연령대, 식사를 [범주 수량화]로 이동하고 [계속]을 클릭한다.

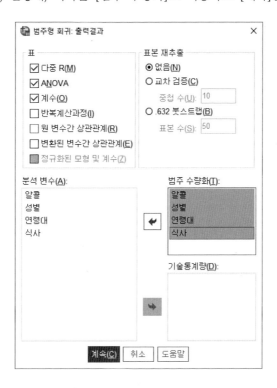

《순서 12》 순서 10의 화면이 되면 [저장]을 클릭한다.

다음의 [저장] 화면이 되면 [활성 데이터 세트에 예측값 저장]을 체크하고 [계속]을 클릭한다.

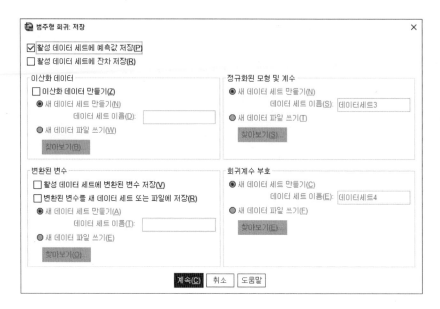

《순서 13》 다음의 화면의 되면 [확인]을 클릭한다.

경고

변수 알콜, 성별, 연령대, 식사이(가) 변수의 고유 값(NCAT는 이 숫자로 설정됨) 수 이상의 범주 수(NCAT)로 집단화되도록 지정되었습니다. 따라서 정수 변수는 집단화로 아무 영향을 받지 않으며, 실수 변수 및 문자변수는 집단화로 순위가 지정됩니다.

이산화 부분에서

[집단   정규분포 7]

이라고 7개의 범주를 지정하더라도 실제로는 "각 변수에서 정의되어 있는 수의 범주로 설정된다."라고 경과하고 있다.

모형 요약

다중 R	R 제곱	수정된 R 제곱	겉보기 예측 오차
.792	.627	.530	.373

종속변수: 알콜
예측자: 성별 연령대 식사

다중 R은 중상관계수 0.792를 가리킨다.

R 제곱은 결정계수 0.627을 말한다.

R 제곱은 1에 가까울수록 회귀식의 적합도가 좋다고 생각한다.

이 데이터의 경우, R 제곱은 0.627이므로, 회귀식의 적합도는 나쁘지 않다.

ANOVA

	제곱합	자유도	평균제곱	F	유의확률
회귀	18.806	6	3.134	6.440	.000
잔차	11.194	23	.487		
전체	30.000	29			

종속변수: 알콜
예측자: 성별 연령대 식사

범주형 회귀분석의 분산분석표이다.

다음의 가설을 검정하고 있다.

가설 H_0 : 구한 회귀식은 예측에 도움이 되지 않는다.

유의확률 0.000 ≤ 유의수준 0.05이므로, 가설 H_0은 기각된다.

이 말은 '성별', '연령대', '식사'를 독립변수로 함으로써 '알콜'의 기호에 차이가 있다는 것을 나타내고 있다.

계수

	표준화 계수				
	베타	붓스트랩 (1000) 표준오 차 추정값	자유도	F	유의확틀
성별	.301	.179	1	2.816	.107
연령대	.637	.276	4	5.343	.003
식사	.602	.250	1	5.809	.024

종속변수: 알콜

표준화 계수의 베타 절대값이 큰 변수는 '연령대'와 '식사'이다. 따라서 '알콜'의 기호에 영향을 미치고 있는 큰 요인으로서 '연령대'와 '식사'를 생각할 수 있다.

'식사'의 F값과 유의확률의 관계는 다음과 같다.

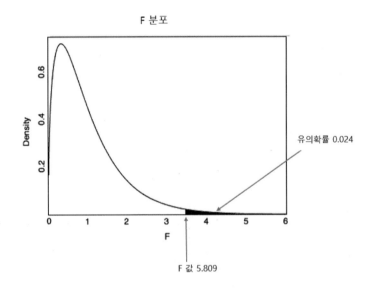

유의확률 0.024 ≤ 유의수준 0.05이므로, 가설 H_0는 기각된다.

　　가설 H_0 : '식사'는 '알콜'에 영향을 미치지 않는다.

따라서 '식사'는 '알콜'의 기호에 대한 요인의 하나라고 생각된다.

　　그런데 이 사실은 '초식'의 그룹과 '육식'의 그룹에서는 '알콜'의 기호에 차이가 있다는 것을 보여주고 있다.

유의확률이 0.05 이하인 변수는 '알콜'의 기호 차이에 영향을 미치고 있다고 생각되므로, '연령대'와 '식사'는 중요한 요인이라는 것을 알 수 있다.

상관관계 및 공차

	상관관계				공차	
	0차 자기상관	편상관	부분상관	중요도	변환 후	변환 전
성별	-.151	.369	.243	-.072	.651	.654
연령대	.494	.647	.519	.502	.662	.666
식사	.594	.698	.596	.570	.980	.972

종속변수: 알콜

중요도는 '식사', '연령대', '성별'의 순으로 되어 있다.

알콜[a]

범주	빈도	수량화
청주	10	-.077
포도주	10	-1.184
맥주	10	1.261

a. 최적화 척도 수준: 명목형.

'청주', '포도주', '맥주'의 세 종류의 알콜을 평균 0, 분산 1로 수량화하고 있다.

• 평균 …
$$\frac{10\times(-0.077)+10\times(-1.184)+10\times(1.261)}{10+10+10}=0$$

• 분산 …
$$\frac{10\times(-0.077)^2+10\times(-1.184)^2+10\times(1.261)^2}{10+10+10}=1$$

성별[a]

범주	빈도	수량화
남성	18	-.816
여성	12	1.225

a. 최적화 척도 수준: 명목형.

'성별'을 평균 0, 분산 1이 되도록 수량화하고 있다.

- 평균 … $\dfrac{18\times(-0.816)+12\times(1.225)}{18+12}=0$

- 분산 … $\dfrac{18\times(-0.816)^2+12\times(1.225)^2}{18+12}=1$

연령대[a]

범주	빈도	수량화
20대	4	-1.964
30대	7	-.544
40대	10	.112
50대	7	1.162
60대	2	1.208

a. 최적화 척도 수준: 명목형.

'연령대'를 평균 0, 분산 1이 되도록 수량화하고 있다.

- 평균 …

$$\frac{4\times(-1.964)+7\times(-0.544)+10\times(0.112)+7\times(1.162)+2\times(1.208)}{4+7+10+7+2}=0$$

- 분산 …

$$\frac{4\times(-1.964)^2+7\times(-0.544)^2+10\times(0.112)^2+7\times(1.162)^2+2\times(1.208)^2}{4+7+10+7+2}=1$$

식사[a]

범주	빈도	수량화
채식	15	-1.000
육식	15	1.000

a. 최적화 척도 수준: 명목형.

'식사'를 평균 0, 분산 1이 되도록 수량화하고 있다.

- 평균 … $\dfrac{15\times(-1.000)+15\times(1.000)}{15+15}=0$

- 분산 … $\dfrac{15\times(-1.000)^2+15\times(1.000)^2}{15+15}=1$

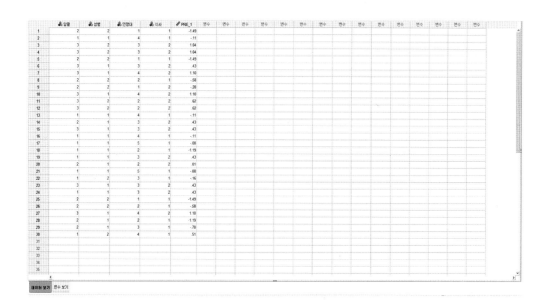

No.5의 추정값 계산은 다음과 같이 되어 있다.

$$추정값 = 0.301 \times 1.225 + 0.637 \times (-1.964) + 0.602 \times (-1.000) = -1.49$$

No.10의 추정값 계산은 다음과 같이 되어 있다.

$$추정값 = 0.301 \times (-0.816) + 0.637 \times 1.162 + 0.602 \times 1.000 = 1.10$$

Hint

수량화란 수량으로 직접 나타내기 어려운 양적(量的) 특성에 대하여 간접적으로 수량을 부여하는 일을 말한다. 이를테면 간접적 측정을 말하는 것이라 할 수 있다. 물리적 세계에는 직접적 측정이 가능한 양적 특성이 많으나, 심리적·사회적 현상에는 수량화가 문제가 되는 양적 특성이 많다. 예를 들면 지능·개성·향성(向性)·사회적 태도·생활수준·물가지수 등은 특수한 수량화의 기술에 의하여 비로서 수량이 부여된 양적 특성의 예라고 할 수 있다.

Chapter 06

순서형 회귀분석에 의한 앙케트 처리

1 개요

　SPSS의 순서형 회귀분석을 사용하면, 앙케트 조사의 순서형 데이터의 질문항목과 그 밖의
질문항목 사이의 관계를 다음 그림과 같이 조사할 수 있다.

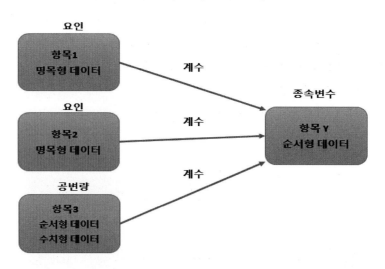

| 그림 6-1 | 순서형 회귀분석의 경로도형

　순서형 회귀분석(ordinal regression analysis)을 사용하여 예측자 세트(요인 또는 공변량)
에 대한 다중 순서 반응의 종속성을 모형화할 수 있다. 순서형 회귀분석 계획은 McCullagh
방법을 기초로 하며 이 순서형 회귀분석 프로시저는 구문에서 PLUM이라고도 한다.

표준 선형회귀분석은 반응(종속) 변수와 예측(독립) 변수 가중 결합 간의 차이 제곱값 합계를 최소화하는 것이다. 추정된 계수는 예측자의 변경이 반응에 미치는 영향을 반영한다. 반응 수준의 변화량은 반응 범위 전체에 걸쳐 동등하다는 의미에서 반응은 숫자로 가정한다. 예를 들어, 키가 150cm인 사람과 140cm인 사람의 키 차이는 10cm이고, 이 차이는 키가 210cm인 사람과 200cm인 사람의 키 차이가 10cm인 것과 동일한 의미를 갖는다. 이러한 관계는 순서 변수에 대해 반드시 유지할 필요는 없으며 반응 범주를 임의로 선택하고 범주 수도 임의로 결정할 수 있다.

다음의 앙케트 조사표로 '여행'과 '성별', '연령대', '온천', '파트너'의 관계를 탐색하기 위해서 '여행'을 종속변수, '성별', '온천', '파트너'를 요인, '연령대'를 공변량으로 하여 순서형 회귀분석을 실시해 보자.

| 표 6-1 | 앙케트 조사표

항목1 귀하는 여행을 좋아하십니까?   [여행]
       1. 매우 좋다   2. 좋다   3. 싫다

항목2 귀하의 성별은 어느 쪽이십니까?   [성별]
       1. 남성   2. 여성

항목3 귀하의 연령대는 다음 중 어디에 해당됩니까?   [연령대]
       1. 20대   2. 30대   3. 40대
       4. 50대   5. 60대

항목4 귀하는 온천을 좋아하십니까?   [온천]
       1. 좋다   2. 싫다

항목5 귀하에게 파트너는 있습니까?   [파트너]
       1. 있다   2. 없다

💧 **앙케트 조사의 결과와 SPSS의 데이터 입력**

앙케트 조사의 결과를 SPSS의 [데이터 보기]에 입력한다.

순서형 회귀분석을 사용해서 항목 사이의 관계를 조사해 보자.

[데이터 입력]

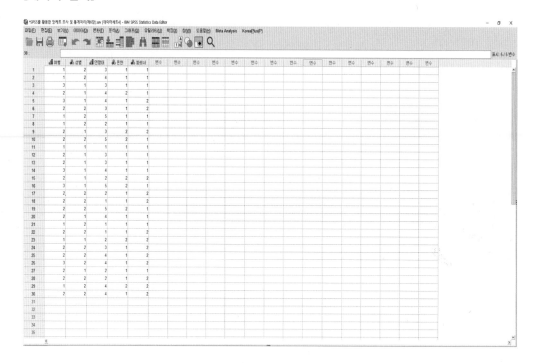

[값 레이블] 표시

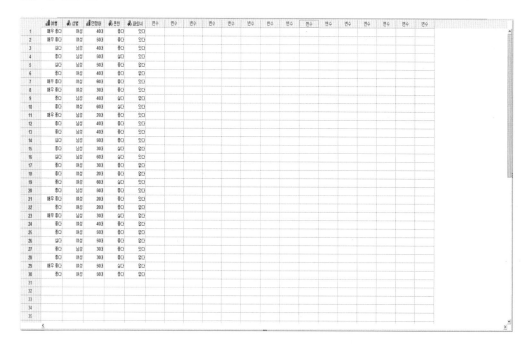

순서형 회귀분석을 위한 순서

[통계처리의 순서]

《순서 1》 데이터를 입력했다면, [분석] - [회귀분석] - [순서형]를 선택한다.

《순서 2》 [순서형 회귀]의 화면이 되면, 여행을 [종속변수]로, 성별, 온천, 파트너를 [요인]으로 이동한다. 연령대를 [공변량]으로 이동하고 [출력결과]를 클릭한다.

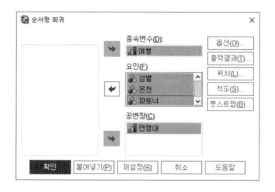

※ 연령대는 공변량이다.

※ 공변량은 종속변수에 대하여 독립변수와 기타 잡음인자들이 공유하는 변량을 의미한다. 공변량분석은 독립변수 이외의 잡음인자들이 종속변수에 영향을 미치는 것을 통제함으로써 독립변수 자체의 순수한 영향을 측정하는 데 목적이 있다.

《순서 3》 다음의 화면이 되면, [표시] 중에서 다음과 같이 체크한다.

☐ [적합도 통계량]

☐ [요약 통계량]

☐ [모수 추정값]

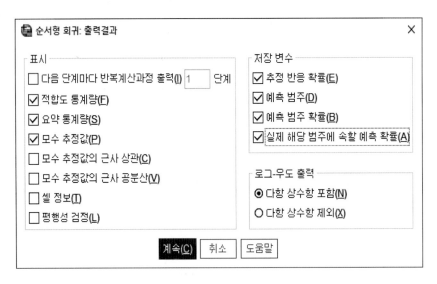

《순서 4》 이어서 [저장 변수]의 모든 항목을 체크하고 [계속]을 클릭한다.

《순서 5》 다음의 화면으로 되돌아오면, [옵션]을 클릭한다.

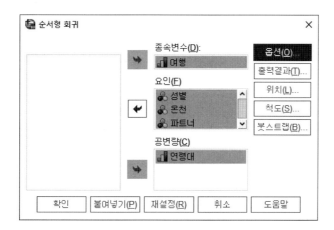

《순서 6》 다음 화면에서 모형식을 변경할 때는 [연결]을 이용한다. 여기에서는 그대로 [계속]을
클릭한다.

※ 로짓 모형식

$$\log \frac{\gamma_j}{1 - \gamma_j} = \theta_j - (\beta_1 x_1 + \beta_2 x_2 + \cdots + \beta_k x_k)$$

좌변이 [연결]이다.

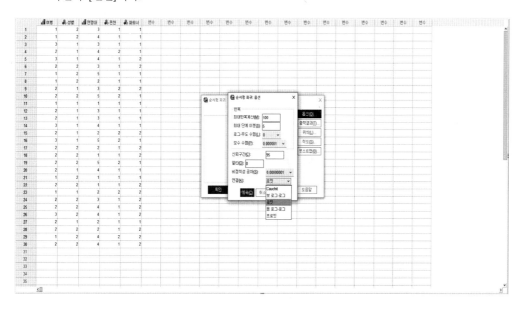

《순서 7》 다음의 화면으로 되돌아오면, [확인]을 클릭한다.

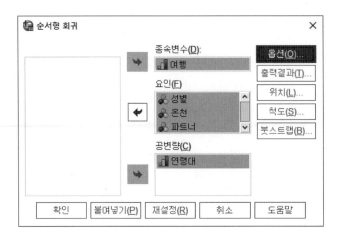

[SPSS에 의한 출력]

모형 적합 정보

모형	-2 로그 우도	카이제곱	자유도	유의확률
절편 만	51.210			
최종	35.555	15.655	4	.004

연결함수: 로짓.

모수(파라미터) 계수가 모두 0인지 어떤지의 우도비검정(尤度比檢定)이다.
유의확률 0.004는 유의수준 0.05보다 작으므로, 모수 계수는 0이 아니다.

적합도

	카이제곱	자유도	유의확률
Pearson	28.073	34	.753
편차	29.539	34	.686

연결함수: 로짓.

모형의 적합도검정이다.

가설 H_0 : 데이터는 모형에 적합하다

이때 검정통계량 카이제곱과 유의확률의 관계는 다음과 같다.

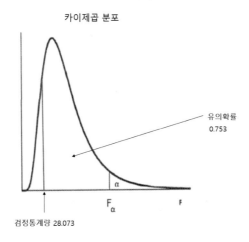

카이제곱 분포

유의확률
0.753

F_α F

검정통계량 28.073

| 그림 6-2 | 검정통계량과 유의확률

유의확률은 유의수준 0.05보다 크므로, 가설 H_0는
기각되지 않는다.

따라서 데이터는 모형에 적합하다고 생각할 수 있다.

유사 R-제곱

Cox 및 Snell	.407
Nagelkerke	.474
McFadden	.268

연결함수: 로짓.

순서형 회귀분석 모형식의 적합도를 보여주고 있다. 이 값이 1에 가까울수록 모형식의 적합
도가 좋다고 하는 것이다. 이 유사 R 제곱은 다중회귀분석의 결정계수와 같은 의미가 된다.
따라서 이 모형식의 적합도는 별로 좋지 않다.

모수 추정값

		B 추정값	표준화 오류	Wald	자유도	유의확률	95% 신뢰구간 하한	상한
임계값	[여행 = 1]	3.639	1.854	3.854	1	.050	.006	7.273
	[여행 = 2]	7.575	2.359	10.311	1	.001	2.951	12.199
위치	연령대	1.199	.457	6.866	1	.009	.302	2.095
	[성별=1]	3.117	1.135	7.545	1	.006	.893	5.342
	[성별=2]	0[a]	.	.	0	.	.	.
	[온천=1]	2.054	1.105	3.457	1	.063	-.111	4.219
	[온천=2]	0[a]	.	.	0	.	.	.
	[파트너=1]	-2.558	1.084	5.569	1	.018	-4.683	-.434
	[파트너=2]	0[a]	.	.	0	.	.	.

연결함수: 로짓.

a. 현재 모수는 중복되므로 0으로 설정됩니다.

연결 함수는 로짓이므로, 모형식은 다음과 같이 된다.

$$[\text{여행=1}] \begin{cases} \log\dfrac{\gamma_1}{1-\gamma_1}=3.639-(1.199\times x_1+3.117\times x_2+2.054\times x_3-2.558\times x_4) \\[2mm] \log\dfrac{\gamma_1}{1-\gamma_1}=3.639-(1.199\times x_1+3.117\times x_2+2.054\times x_3+0.000\times x_4) \end{cases}$$

$$[\text{여행=2}] \begin{cases} \log\dfrac{\gamma_1}{1-\gamma_1}=7.575-(1.199\times x_1+3.117\times x_2+2.054\times x_3-2.558\times x_4) \\[2mm] \log\dfrac{\gamma_1}{1-\gamma_1}=7.575-(1.199\times x_1+3.117\times x_2+2.054\times x_3+0.000\times x_4) \end{cases}$$

※ B는 회귀계수를 나타내고, 베타는 표준화된 회귀계수를 나타낸다.

| 주의 |

$x_1 \cdots [\text{연령대}]$
$x_2 \cdots [\text{성별}]=1$
$x_3 \cdots [\text{온천}]=1$
$x_4 \cdots [\text{파트너}]=1$

모수 추정값

		B 추정값	표준화 오류	Wald	자유도	유의확률	95% 신뢰구간 하한	95% 신뢰구간 상한
임계값	[여행 = 1]	3.639	1.854	3.854	1	.050	.006	7.273
	[여행 = 2]	7.575	2.359	10.311	1	.001	2.951	12.199
위치	연령대	1.199	.457	6.866	1	.009	.302	2.095
	[성별=1]	3.117	1.135	7.545	1	.006	.893	5.342
	[성별=2]	0ª	.	.	0	.	.	.
	[온천=1]	2.054	1.105	3.457	1	.063	-.111	4.219
	[온천=2]	0ª	.	.	0	.	.	.
	[파트너=1]	-2.558	1.084	5.569	1	.018	-4.683	-.434
	[파트너=2]	0ª	.	.	0	.	.	.

연결함수: 로짓.

a. 현재 모수는 중복되므로 0으로 설정됩니다.

[위치]의 둘째 줄은 다음의 가설을 검정하고 있다.

가설 H_0 : 모형식의 [성별=1]에 있어서 x_1의 계수 = 0

이 검정통계량이 Wald이다.
검정통계량 Wald 7.545와 유의확률 0.006의 관계는 다음 그림과 같다.

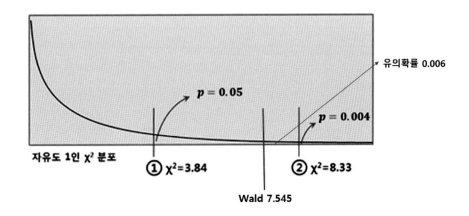

유의확률은 0.05보다 작으므로, 가설 H_0는 기각된다. 이 사실은 다음 사항을 의미하고 있다.

"남성과 여성 사이에서는 여행의 취향에 차이가 있다"

※ 여기가 바로 순서형 회귀분석의 중심 부분이다.

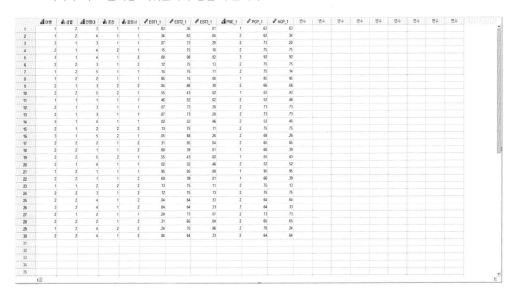

세 개의 예측확률 EST1_1, EST2_1, EST3_1 중 가장 확률이 높은 범주가 예측 범주이다. 따라서 No.5 사람의 예측 범주는 3이 된다.

예측확률의 계산은 다음과 같다.

$$\log \frac{\gamma_1}{1-\gamma_1} = 3.639 - (1.199 \times 3 + 0.000 + 2.054 - 2.558) = 0.546$$

$$\frac{\gamma_1}{1-\gamma_1} = \exp(0.546)$$

$$\gamma_1 = \frac{\exp(0.546)}{1+\exp(0.546)} = 0.633$$

$$\Rightarrow \text{EST1\_1} = \gamma_1 = 0.633$$

$$\log \frac{\gamma_2}{1-\gamma_2} = 7.575 - (1.199 \times 3 + 0.000 + 2.054 - 2.558) = 4.482$$

$$\frac{\gamma_2}{1-\gamma_2} = \exp(4.482)$$

$$\gamma_2 = \frac{\exp(4.482)}{1+\exp(4.482)} = 0.989$$

$$\Rightarrow \text{EST2\_1} = \gamma_2 - \gamma_1 = 0.989 - 0.633 = 0.356$$

$$\Rightarrow \text{EST3\_1} = 1 - \text{EST1\_1} - \text{EST2\_1} = 1 - 0.633 - 0.356 = 0.011$$

SPSS를 활용한
앙케트 조사 및
통계처리

Chapter 07

앙케트 조사표의 작성

Chapter 07
앙케트 조사표의 작성

1 개요

🔄 성공적인 앙케트 조사의 추진방법

최근에는 신문·TV·잡지 등 여러 가지 분야에서 앙케트 조사가 한창 실시되고 있다. 대통령에 대한 국민 지지율, 유력한 대선 후보자들에 대한 지지율 등 정치적인 조사결과에도 관심이 집중되고 있다.

이와 같은 앙케트 조사의 결과를 보고 있노라면, 취직하고 싶은 기업의 순위라든지 연봉이 높은 직종의 순위 등 흥미진진한 내용으로 가득 차 있다.

앙케트 조사는 여러 가지 질문을 준비해서 상대방의 의견을 묻는 것뿐이므로, 누구라도 간단히 실시할 수 있다. 그러나 여기에도 함정이 있다.

그렇다면 어떻게 하면 실패하지 않는 앙케트 조사를 추진할 수 있을까? 그래서 앙케트 조사의 흐름이 한눈에 알 수 있도록 앙케트 조사의 추진방법에 대한 작업 공정 경로도(flow chart)를 제시해 보기로 한다.

> ### 🌐 Hint
>
> 앙케트(enquete)는 프랑스어로 '조사하다, 설문하다'라는 뜻을 지닌 말 앙퀘터(enqueter)의 명사형이다. 앙케트는 처음에는 영국에서 주로 정부와 공공기관의 통계조사 방법으로 행해지면서 보편화되었다. 오늘날에는 일반적으로 각 방면의 사람들에게 동일한 질문을 하고 그 결과를 통합하여 의견을 구하는 행위를 가리킨다.
>
> 우리나라에서는 흔히 '앙케이트'라고도 하는데, 외래어 표기법상 '앙케트'가 맞는 표현이다. 순수한 우리말로는 '설문조사'이다.

앙케트 조사 추진방법의 작업 공정 경로도

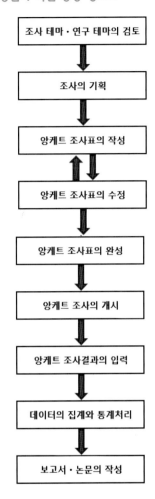

```
┌─────────────────────────┐
│  조사 테마·연구 테마의 검토  │
└─────────────────────────┘
            ↓
┌─────────────────────────┐
│       조사의 기획        │
└─────────────────────────┘
            ↓
┌─────────────────────────┐
│     앙케트 조사표의 작성     │
└─────────────────────────┘
          ↑ ↓
┌─────────────────────────┐
│     앙케트 조사표의 수정     │
└─────────────────────────┘
            ↓
┌─────────────────────────┐
│     앙케트 조사표의 완성     │
└─────────────────────────┘
            ↓
┌─────────────────────────┐
│     앙케트 조사의 개시      │
└─────────────────────────┘
            ↓
┌─────────────────────────┐
│    앙케트 조사결과의 입력     │
└─────────────────────────┘
            ↓
┌─────────────────────────┐
│    데이터의 집계와 통계처리    │
└─────────────────────────┘
            ↓
┌─────────────────────────┐
│     보고서·논문의 작성      │
└─────────────────────────┘
```

조사 테마·연구 테마의 검토

1. 연구 테마를 정한다
2. 질문항목의 내용을 정한다
3. 연구 테마에 따른 통계처리를 검토한다

조사의 기획

1. 조사방법을 선정한다
2. 조사대상자를 선정한다
3. 앙케트 조사표의 배포·회수방법을 선정한다

🌙 앙케트 조사표의 작성

1. 면접상황 기록표(face sheet)의 작성
2. 연구 테마에 관한 질문항목의 작성
3. 표지의 작성

🌙 앙케트 조사표의 수정

1. 예비조사를 반복
2. 신뢰성 및 타당성 검증
3. 앙케트 조사표의 수정

🌙 앙케트 조사표의 완성

1. 질문항목의 순서 확인
2. 질문항목 수의 확정

🌙 앙케트 조사의 개시

1. 앙케트 조사표의 배포
2. 앙케트 조사표의 회수

🌙 앙케트 조사결과의 입력

1. 데이터의 준비
2. 데이터의 입력
3. 데이터의 크리닝

🌙 데이터의 집계와 통계처리

1. 데이터의 집계
2. 데이터의 통계적 추정
3. 데이터의 통계적 검정
4. 데이터의 다변량분석

🌙 보고서·논문의 작성

1. 연구의 목적
2. 앙케트 조사의 방법
3. 앙케트 조사의 결과와 고찰
4. 문헌·자료의 소개

Hint

앙케트

통계조사에서는 대상에 관해서 직접 관찰하는 직접조사가 일반적이지만, 앙케트는 간접조사의 일종이다. 즉 직접 대상에 관한 관찰을 하지 않고 관찰하고자 하는 사항에 대해 미리 정보나 지식을 가지고 있는 전문가에 대해 알고자 하는 것을 자문함으로써 그 목적을 달성하는 방법이다.

앙케트의 구체적인 방법으로는 '자기식' 조사표를 배포하여 의견을 구하는 방법이 취해진다. 최근에는 조사대상이 그 영역에 대하여 당연히 전문적 지식을 가지고 있다는 전제하에 자기식 조사표를 사용하는 조사를 앙케트 조사라고 하는 경우가 많다.

조사 테마·연구 테마를 어떻게 정하면 좋을까?

선행연구에 대한 조사

조사 테마·연구 테마는 바로 '자신에게 흥미가 있는 것'이다. 예를 들면, "젊은이들이 일에 대해서 어떠한 생각을 갖고 있을까?"를 알고 싶다면, '일'이나 '노동의식'이라고 하는 단어가 키워드가 된다.

최근 한국은 한류라는 문화 수단을 통해 국가이미지 향상의 호기를 맞고 있음은 분명하다. 그래서 "중국인들이 한국제품을 평가하고 구매의도를 갖는 데 국가이미지가 어떠한 영향을 미치는가?"에 대해서 알고 싶다면, '한류', '국가이미지', '제품평가' '구매의도' 등이 키워드가 될 것이다.

이와 같은 키워드를 기초로 관련이 있는 책이나 논문을 찾아, 조사 테마·연구 테마에 관한 지식을 넓혀간다. 키워드로 책이나 논문을 검색할 때는 인터넷이나 데이터 베이스를 활용한다.

많은 문헌을 읽으면, 이미 밝혀져 있는 결과나 아직 명확하게 되어 있지 않은 점 등이 명확해진다.

[검색방법]

구체적인 검색방법으로서 인터넷으로 문헌을 검색할 때는, 국립중앙도서관, 국립국회도서관, 주요 대학도서관 등에 액세스(access)하여 조사 테마·연구 테마에 관한 키워드로 문헌을 찾아본다. 그리고 인터넷으로 통계 데이터를 검색하려면, 기획재정부, 과학기술정보통신부, 교육부, 외교부, 해양수산부, 행정안전부, 통계청 등에 액세스하여 조사 테마·연구 테마에 관한 키워드로 문헌을 찾아볼 수 있다.

스티브 와인버그의 『Investigative Reporter's Handbook』에 따르면 데이터(data, 자료)는 그 수집원천에 따라 1차 데이터와 2차 데이터로 나눌 수 있다. 1차 데이터란 조사자 자신이 직접 조사한 데이터를 말한다. 즉, 자신이 조사하고자 하는 것에서 바로 나올 수 있는 데이터이다. 2차 데이터란 다른 조사자에 의해 수집되어 공개된 데이터를 말한다. 찾고자 하는 데이터에 대해 다른 사람들이 어떻게 이야기하느냐를 의미하는 것이다.

1차 데이터는 2차 데이터에 비해 데이터를 수집하기도 어렵고 비용이 많이 들기 때문에 일반적으로 2차 데이터를 많이 사용한다. 다만, 2차 데이터에 비해 정확도, 타당성, 신뢰성이 높다는 점과 의사결정이 필요한 시기에 적절히 사용할 수 있다는 점이 1차 데이터를 수집하게 만드는 힘이라고 할 수 있다.

🌙 조사 테마·연구 테마의 결정

선행연구나 선행연구의 통계 데이터로부터 "아직 해명되어 있지 않은 것은 무엇인가?"를 검토하여 조사 테마·연구 테마를 결정한다.

예를 들면, 연구 테마가 다음과 같이 되어 있다고 하자.

- 젊은이들이 일에 대하여 어떠한 생각을 갖고 있을까?
- 젊은이들의 일에 대한 의욕은?
- 젊은이들이 생각하고 있는 노동내용과 급여의 관계는?
- 젊은이들이 생각하고 있는 자신의 능력과 전직 희망

이와 같은 문제점을 기초로 앙케트 조사의 질문항목을 만든다.

예를 들면, 질문항목은 다음과 같이 된다.

> 항목 A. 귀하의 고용형태는?

> 항목 B. 귀하는 전직을 한 적이 있습니까?

> 항목 C. 귀하는 전직하고 싶다고 생각하십니까?

> 항목 D. 귀하는 종신고용제도를 중시하십니까?

> 항목 E. 귀하는 회사와의 일체감을 중시하십니까?

🔵 Hint

테마의 선정과 구체화

최근의 논문과 개론서를 읽고 이론과 방법론을 익혀 새로운 문제에 적용하는 방식, 선행 연구의 치명적인 결점을 보완하는 방식, 선행 연구의 논의나 결론에 제기된 한계점이나 새로운 연구 테마를 채택하는 방식, 학계나 사회에서 논쟁이 일고 있는 테마를 선택하는 방식, 전공 분야의 문헌 색인집에 기록된 주제어들 중에서 선택하는 방식 등이 주제 선정의 대표적인 방법이다.

1차 데이터의 확보나 분석이 불가능한 테마는 피해야 한다. 이것은 연구자의 시간적·분석적·경제적 능력에 따라 판단할 문제이다. 정해진 기간 안에 구할 수 없는 데이터나, 언어 또는 조사방법 면에서 분석이 불가능한 데이터, 혹은 경제적으로 감당해낼 수 없는 값비싼 데이터들을 대상으로 삼는 것은 어리석은 일이다.

또한 그에 못지않게 중요한 것이 선정된 테마를 다시 구체화하는 것이다. 목표로 하는 논문의 성격과 분량에 맞게 테마의 범위를 좁히라는 이야기다. 사회 현상을 연구하는 테마라면 시간적·공간적 범위를 줄여나가고, 이론이나 사상 혹은 개념을 연구하는 테마라면 의미 영역을 좁힐 수 있다.

선행연구가 지나치게 많다는 것은 테마를 구체화하지 않은 것이며, 참고문헌이 너무 많다는 것은 대부분 지식 자랑을 늘어놓았거나 쓸데없는 문헌들이 언급되었다는 것을 뜻한다.

3 구체적인 앙케트 조사의 기획

조사 테마·연구 테마가 정해지면, 구체적인 조사기획을 시작한다.

조사방법의 선정

[앙케트 조사]

앙케트 조사란 조사할 항목을 정리한 조사표를 조사대상자에게 건네주고 기입해 받아서, 그 회답에 의해서 데이터를 수집하는 방법이다.

- 장점 : 모든 조사대상자에 대해서 같은 질문항목에 회답해 받으므로, 여러 가지 비교·검토에 적합하다. 많은 사람에게 동시에 조사가 가능하므로, 시간과 비용도 비교적 적게 든다.
- 단점 : 조사를 하는 사람의 의도나 열의가 전달되지 않는 경우가 있다.

[인터뷰 조사]

인터뷰 조사란 조사할 사람이 조사대상자를 직접 만나서 조사할 항목을 질문하고, 그 회답에 의해서 데이터를 수집하는 방법이다.

인터뷰 조사에서는 앙케트 조사와 달리 조사대상자의 반응에 따라서 질문내용의 변경이나 추가가 가능하다.

- 장점 : 조사대상자의 질문에 대한 반응을 관찰할 수 있으므로, 조사대상자의 표정이나 손동작 등을 파악할 수 있다. 조사대상자의 회답에 따라서 질문내용의 변경이나 추가가 가능하므로, 더 깊이 묻는다거나 예기치 못한 회답을 얻는 경우도 있다.
- 단점 : 한 번에 많은 조사를 실시할 수 없으므로, 조사에 많은 시간이나 비용이 든다.

조사대상자의 선정

　조사·연구의 대상이 될 사람들을 모집단이라고 한다. 이 모집단으로부터 뽑힌 사람들을 표본이라고 하고, 표본을 뽑는 것을 표본추출(sampling)이라고 한다.

　예를 들면, 한국의 젊은이들의 노동의욕을 조사하고 싶은 경우, 연구대상은 한국의 젊은이 전원이라고 하는 것이 된다.

　그러나 실제로 조사를 실시하는 경우는, 한국의 젊은이들 전원에 대해서 조사하는 것은 불가능하므로, 그 중에서 몇 명인가를 무작위로 추출하고 그 사람들에 대해서 실제의 앙케트 조사를 실시한다.

　이 무작위로 추출된 젊은이들이 표본이다.

　표본추출의 대표적인 방법에는 다음과 같은 것이 있다.

[단순무작위추출법](simple random sampling method)

　모집단에 포함되는 모든 대상에 번호를 붙여, 난수표 등을 사용해서 표본을 뽑는 방법이다. 예를 들면, 600명 중에서 50명을 무작위로 추출하는 경우는, 먼저 600명에게 1번에서 600번까지의 번호를 매긴다. 다음에 난수표로부터 600 이하의 난수를 50개 추출해서 그 난수에 대응하는 사람을 표본으로 한다.

[층화추출법](stratified sampling method)

　모집단을 몇 개인가의 층으로 나누고, 그 층별로 표본을 추출하는 방법이다. 예를 들면, A시의 100만 명의 유권자를 20대, 30대, 40대, 50대, 60세 이상의 다섯 개의 층으로 나누고 각 층마다 독립적으로 표본을 추출한다. 그 후 각 연령대에서 200명씩 뽑으면 1000명의 표본이 추출된 셈이 된다.

[계통추출법](system extraction method)

　최초의 표본을 무작위로 뽑고, 그 이후는 등간격으로 표본을 뽑는 방법이다. 예를 들면, 10만 명의 모집단 중에서 500명의 표본을 추출한다고 하는 경우는 100000 ÷ 500 = 200이므로 모집단 중에서 200명 간격으로 표본을 추출하면 된다. 최초의 한 사람은 No.1에서 No.200 중에서 무작위로 뽑는다.

[다단추출법](multistage extraction method)

　모집단으로부터 단계적으로 표본을 추출하는 방법이다. 예를 들면, 전국에서 노인보건시설을 추출하는 경우는 ① 시도를 추출한다, ② 그 시도 중에서 노인보건시설을 추출한다. 이것이

2단추출법이다. 실제의 조사에서는 다단추출법과 층화추출법을 합쳐서 '층화다단추출법'을 이용하는 수도 있다.

앙케트 조사표의 배포와 회수의 방법

앙케트 조사표의 배포나 회수의 방법에 의해서 회수율이나 회답내용의 신뢰성에 차이가 발생한다. 대표적인 배포·회수방법에는 다음과 같은 것이 있다.

[우송조사법]

조사대상자에게 앙케트 조사표를 우송하고, 회답·반송해 받는 방법이다. 회답의 회수율, 신뢰성 모두 낮아지지만 시간이나 비용은 적게 끝나기 때문에, 자주 이용되고 있다. 이 방법이 가장 일반적이다.

[전화조사법]

전화를 이용해서 조사를 하는 사람이 질문항목을 읽어 주고, 조사대상자에게 회답해 받는 방법이다. 비용이나 시간은 적게 끝나지만, 질문항목의 수를 줄일 필요가 있다.

또한 복잡한 질문은 피해야 한다. 전화를 받은 사람만의 조사로 표본에 치우침이 생길 우려가 있다.

[유치조사법]

조사를 하는 사람이 조사대상자가 있는 곳으로 가서 앙케트 조사표를 건네 주고, 이후에 회수하는 방법이다. 회수율은 비교적 높아진다. 유치조사법(留置調査法)은 배포에서 회수까지의 기간은 어느 정도가 적절한지 잘 생각해서 설정해야 한다. 회수하러 가기까지의 시간을 너무 많이 잡으면 조사회답자가 잊는다거나 앙케트 조사표를 잃어버린다거나 할 염려가 있다.

[집합조사법]

조사대상자를 한 곳에 모으고, 그 곳에서 앙케트 조사표를 배포하고 회답해 받는 방법이다. 회수율은 높고 시간과 비용은 적게 끝나지만, 조사대상자가 집단의 분위기에 영향을 받아 회답에 영향을 미치는 경우가 있다.

비용이나 시간의 검토

제한된 비용이나 시간 중에서 최대의 효과를 올릴 수 있도록 면밀히 기획을 세워야 한다.

[앙케트 조사의 경우]

- 앙케트 조사표의 종이값, 복사비
- 앙케트 조사표의 우송이나 반송을 위한 봉투값, 우표값
- 수신인명 작성 등에 드는 아르바이트 비용
- 데이터 입력을 위한 아르바이트 비용

등이 든다.

[인터뷰 조사의 경우]

- 조사회답자에 대한 사례
- 음료수대, 교통비
- 인터뷰 내용 녹음을 위한 녹음기재 대금
- 조사원에 대한 아르바이트 비용

등의 든다.

> (주) 아르바이트를 쓰지 않고 조사자 자신이 모두 실시하는 경우도 있다. 그 경우는 대단히 시간이 걸리는 것을 감안해서 전체의 계획을 세워야 한다.

🌀 앙케트 조사 관련자

앙케트 조사는 다음과 같은 사람들에 의해서 이루어진다.

- 조사자 … 조사·연구를 실시하는 사람
- 조사원 … 조사자와 함께 앙케트 조사를 하는 사람
- 조사대상자 … 앙케트 조사의 대상이 되는 사람

실제의 앙케트 조사에서는 처음에 예비조사로서 인터뷰 조사로 여러 가지 의견을 모아 그것을 기초로 질문항목을 작성하고, 그 후 앙케트 조사를 실시한다고 하는 식으로 양쪽의 조사방법을 이용하는 방법도 있다.

앙케트 조사표에 회답해 받는 사람을 '조사회답자'라고 부르고 있다.

> **Hint**
>
> 전자조사법
>
> E-mail이나 인터넷을 이용하는 조사방법이다. E-mail은 우송조사법의 우편 대신에 사용한다. 이 방법을 이용하면 회답결과를 PC에 입력하는 작업이 대폭 경감된다.

앙케트 조사표는 어떻게 작성될까. 앙케트 조사표는 다음의 세 부분으로 성립된다.

- 표지
- 면접상황 기록표(face sheet)
- 질문항목

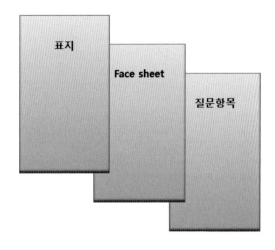

표지의 작성

앙케트 조사표의 표지에는 어떠한 내용을 기입하면 좋을까?

(1) 조사연월일

앙케트 조사표의 발송일을 조사자나 조사대상자가 알 수 있도록 한다.

ㅣ예ㅣ ○○○○년 ○○월 ○○일

(2) 제목

제목은 조사내용을 단적으로 표현할 수 있도록 너무 길지 않게 한다.

ㅣ예ㅣ 일에 대한 의식조사에 관한 앙케트

(3) 조사자의 명기

어떠한 조사자가 조사를 실시하고 있는지를 조사대상자에게 알릴 필요가 있다.

ㅣ예ㅣ 저는 현재 ○○대학교 대학원 ○○학과 ○○과정에서 ○○○을 전공하고 있는 학생입니다.

○○○○년 ○○월 ○○일

일에 대한 의식조사에 관한 앙케트

저는 ○○대학교 대학원 ○○학과 ○○과정에서 ○○○○를 전공하고 있는 학생입니다.

최근의 젊은이들의 일하는 방식에 관심을 갖고 연구를 하고 있습니다. 이 문제에 대하여 젊은이 여러분들이 어떠한 생각을 갖고 있는지 여쭙고자 합니다.

회답의 내용은 오직 연구 목적으로만 활용될 것이며, 자료의 처리 과정 및 그 이후에도 비밀이 절대 보장될 것임을 약속드립니다. 조사는 무기명으로 실시됩니다. 있는 그대로를 대답해 주실 것을 부탁드립니다. 바쁘신 중에도 본 연구조사를 위해 귀중한 시간을 할애해 주셔서 진심으로 감사드립니다.

<기입에 대한 부탁의 말씀>

• 작성하실 때에 다른 사람과 상담하지 마시고 혼자서 작성해 주십시오.
• 회답이 끝나면 회답 난에 기입 누락이 없는지 다시 한 번 확인해 주십시오.

<조사결과 및 질문에 대해서>

• 조사 결과를 아시고 싶은 분은 아래 연락처로 알려 주시면 후일 보고해 드리겠습니다.
• 질문이 있으신 분은 아래 연락처로 문의해 주시기 바랍니다.

연락처 : ○○대학교 대학원 ○○학과 ○○과정
　　　　　○○○
　　　　　서울시 ○○구 ○○동 ○○길 12-34
전화　　 : 02-○○○-○○○○
휴대전화 : 010-○○○○-○○○○
E-mail 　: ○○○@○○○○.ac.kr

(4) 조사의 목적

조사목적을 간결하게 기입한다. 이때, 회답에 영향을 주는듯한 기술은 피한다.

‖ 예 ‖ 최근의 젊은이들의 일하는 방식에 관심을 갖고 연구를 하고 있습니다. 이 문제에 대하여 젊은이 여러분들이 어떠한 생각을 갖고 있는지 여쭙고자 합니다.

(5) 조사결과의 활용방법

조사결과를 어떻게 이용할 것인지를 명기한다. 프라이버시가 침해 받는 일은 없다는 것을 전한다.

‖ 예 ‖ 회답의 내용은 오직 연구 목적으로만 활용될 것이며, 자료의 처리 과정 및 그 이후에도 비밀이 절대 보장될 것임을 약속드립니다.

(6) 주의

앙케트를 실시하는 과정에서 주의해야 할 사항이 있는 경우는, 질문항목에 회답해 받기 전에 언급한다.

‖ 예 ‖ 작성하실 때에 다른 사람과 상담하지 마시고 혼자서 작성해 주십시오. 회답이 끝나면 회답 난에 기입 누락이 없는지 다시 한 번 확인해 주십시오.

(7) 조사결과의 보고

조사결과를 알고 싶다고 생각하고 있는 사람에게는 조사결과를 알리도록 한다.

‖ 예 ‖ 조사 결과를 아시고 싶은 분은 아래 연락처로 알려 주시면 후일 보고해 드리겠습니다.

(8) 질문

앙케트 작성 중에 질문사항이 있으면 문의해 줄 것을 부탁한다.

‖ 예 ‖ 질문이 있으신 분은 아래 연락처로 문의해 주시기 바랍니다.

(9) 연락처

조사에 관한 질문 등을 받기 위해서도 반드시 연락처를 명기한다.

‖ 예 ‖

```
연락처 : ○○대학교 대학원 ○○학과 ○○과정
         ○○○
         서울시 ○○구 ○○동 ○○길 12-34
전화    : 02-○○○-○○○○
휴대전화 : 010-○○○○-○○○○
E-mail  : ○○○@○○○○.ac.kr
```

(10) 인사

| 예 | 바쁘신 중에도 본 연구조사를 위해 귀중한 시간을 할애해 주셔서 진심으로 감사드립니다.

🌙 면접상황 기록표(face sheet)의 작성

면접상황 기록표란 성별, 연령 등 '조사대상자의 속성'에 대해서 묻는 것이다. 나중에 실시할 통계처리에 필요한 질문항목이 빠져 있지 않은지, 반드시 체크해야 한다.

| 예 1 | 귀하의 연령은?　　　　　　　　(　　　　)세

| 예 2 |

> 귀하의 성별은? 해당되는 곳에 ○표 하십시오.
> ① 남　　　　　　　　② 여

| 예 3 |

> 귀하가 속한 부서의 업무는 무엇입니까?
> ① 관리부문　　　　② 생산부문　　　　③ 기타

| 예 4 |

> 귀하의 직급은 무엇입니까?
> ① 임원　　　　② 관리자　　　　③ 사원

🌙 질문항목의 작성

여기에서는 어떠한 질문항목과 그것에 대한 회답의 방법이 있는지, 예를 들어 가면서 설명하기로 한다.

[양자택일법]

이것은 회답의 카테고리가 두 개로 나누어져 있으므로, '2건법(二件法)'이라고도 한다.

| 예 1 |

> 귀하는 장래 전직하고 싶다고 생각하십니까?
> ① 생각한다　　　　② 생각하지 않는다

2건법 외에 "어느 쪽이라고도 할 수 없다" 등을 넣은 '3건법'도 있다.

> 귀하는 장래 전직하고 싶다고 생각하십니까?
> ① 생각한다　　② 어느 쪽이라고도 할 수 없다　　③ 생각하지 않는다

[평정법]

| 예 2 |

> 귀하는 업무에서 스트레스를 받습니까?
>
> ① 전혀 받지 않는다
> ② 별로 받지 않는다
> ③ 조금 받는다
> ④ 많이 받는다

이것은 정도 등을 물을 때의 방법으로 4단계로 되어 있다.

그 밖에 "어느 쪽이라고도 할 수 없다" 등을 추가한 5단계나 7단계의 척도도 있다.

> 귀하는 업무에서 스트레스를 받습니까?
>
> ① 전혀 받지 않는다
> ② 별로 받지 않는다
> ③ 어느 쪽이라고도 할 수 없다
> ④ 조금 받는다
> ⑤ 많이 받는다

[다지선택법(多肢選擇法)]

많은 선택지(選擇肢)로부터 적합한 것을 고르는 방법이다.

| 예 3 |

> 귀하가 '일의 목적'이라고 생각하는 것 모두에 ○표를 해 주세요.
>
> 1. 수입을 얻기 위해서
> 2. 가족을 부양하기 위해서
> 3. 자신의 성장을 위해서
> 4. 보람을 얻기 위해서
> 5. 저축을 위해서
> 6. 취미나 여가의 충실을 위해서
> 7. 꿈을 실현하기 위해서
> 8. 사회와의 연결을 갖기 위해서
> 9. 사회공헌을 위해서
> 10. 사회적 지위를 얻기 위해서

[순위법]

선택 수를 정하지 않고 모든 선택지에 순위를 매기도록 하는 경우도 있다.

| 예 4 |

> 귀하가 일을 선택할 때에 중시하는 것을 1위, 2위, 3위의 순으로 기입해 주십시오.
>
> 1. 급료　　　　　　　　　2. 근무시간　　　　　　　3. 근무지
> 4. 유급휴가　　　　　　　5. 복리후생　　　　　　　6. 직장의 분위기
> 7. 고용의 안정　　　　　　8. 지식이나 기술이 몸에 밴다
> 9. 하고 싶은 일을 할 수 있다.
> 10. 자신의 경험이나 전문을 살릴 수 있다.
>
> 　　1위 (　　　　)　　　　2위 (　　　　)　　　　3위 (　　　　)

[자유기술법]

　이것은 미리 선택지를 설정하지 않고 회답을 자유롭게 기술해 받는 방법이다. 자유기술법(自由記述法)의 경우 텍스트 마이닝이 유효하다. 텍스트 마이닝(text mining)은 다른 사람이 써놓은 글을 분석해서 뭔가 쓸 만한 것을 뽑는 것을 가리킨다.

> **Hint**
>
> 　텍스트 마이닝
>
> 　텍스트 마이닝(text mining)은 다른 사람이 써놓은 글을 분석해서 뭔가 쓸 만한 것을 뽑는 것을 말한다. 텍스트 데이터는 특성상 많이 모아야 뭔가 쓸 만한 것이 나온다. 텍스트 마이닝이 빅 데이터(big data)에서 언급되고, 마치 전부인 것처럼 얘기되기도 하는 이유는 원래 빅 데이터의 출발이 IR(Information Retrieval)이 전문인 구글, 야후, 페이스북, 아마존, 넷플릭스 등의 온라인 회사에서 시작되었기 때문이다.
>
> 　검색 포털이나 온라인 리테일 회사를 상상하시면 된다. 구글, 아마존이 대표적이라고 할 수 있다. 주지하는 바와 같이 현존하는 텍스트 마이닝의 최강자는 구글이다. 여하튼 이 회사들의 공통점은 온라인회사이며 데이터가 매우 많고 대용량 정보처리기술이 회사의 핵심기술이라는 공통점이 있다. 텍스트 데이터는 처리하는데 컴퓨팅 자원이 많이 소모된다는 점도 있다. 분산컴퓨팅 기술이 필요한 빅 데이터를 사용하지 않을 수 없는 회사들이다. 어찌되었든 텍스트 마이닝을 잘 하려면 필수적인 것은 아니지만 빅 데이터 기반 기술이 있는 것이 매우 유리하며 경험이 있다면 그럴 수밖에 없다는 것이 업계 기술자들의 정론이다. 그렇다고 해서 빅 데이터를 텍스트 마이닝에만 쓴다는 얘기가 절대 아니다. 다시 텍스트 마이닝으로 돌아오면 텍스트 마이닝은 텍스트 데이터를 분석해서 의미, 의도, 경향 등을 보는 것을 기본으로 하고 그런 결과물을 다른 데이터와 연동해서 분석하거나 결합해서 부가정보로 쓰는 것이 일반적이다. 그 이상을 하려면 텍스트 마이닝 결과물 자체가 비즈니스 모델이 되거나 회사의 이윤을 창출하는 뭔가를 만들어 주어야 하는데 그런 것이 상식적으로나 전문적으로도 많지 않다. 텍스트 마이닝이 그 자체로 비즈니스 모델이 되는 것은 기계 번역이나 문서 자동 요약 등과 같은 것이 있기 때문이다.

질문항목 작성상의 주의

질문항목은 이해하기 쉽게 만들어야 한다.

| 예 1 |

> 귀하는 기업의 활동에 있어서의 컴플라이언스(compliance)에 대해서 어떻게 생각하십니까?

《 **주의 1** 어려운 말이나 전문용어를 사용하지 않도록 한다. 이 경우, '컴플라이언스'에 대해서 설명을 하든가, 알기 쉬운 말로 표현할 필요가 있다.

Hint

컴플라이언스

기업에 있어서 컴플라이언스(compliance)의 중요성은 나날이 커지고 있다. 컴플라이언스라는 원래의 단어가 가진 뜻은 규제와 규칙의 준수라는 의미다. 기업에게 컴플라이언스라는 의미는 기업들이 기업 행위를 함에 있어 각종 관련 법령과 규정 등을 준수한다는 것을 뜻한다.

최근 기업들은 별도의 'compliance officer' 조직을 신설·운영해 나가고 있다. 'compliance officer'는 우리말로 흔히 '준법감시인'으로 불리고 있다. 기업의 업무에 있어서 법률에 위배되는 사항이 없는지를 감시하는 업무를 맡고 있다고 보면 된다. 보험, 증권, 투신사에서 준법감시인은 펀드매니저들이 관련 법령을 준수하여 공정하게 투자했는지를 감시하는 업무를 담당한다.

국내외 각종 감독당국의 규제법안은 폭주하고 있다. 이는 해당 국가와 거래하는 기업의 입장에서는 국가별 새로운 진입장벽을 의미한다. 규제는 기업규제, 제품규제 등에서부터 환경규제 등에 이르기까지 다양한 형태를 띤다.

| 예 2 |

> 노동조건으로서 높은 급여나 플렉스타임제는 귀하에게 있어서 어느 정도 중요합니까?

《 **주의 2** 하나의 질문에서 두 가지 사항을 묻는 것은 피해야 한다. 이 경우, '높은 급여'와 '플렉스타임(flex-time)제'는 두 가지의 질문항목으로 나누어서 만들어야 마땅하다. 이와 같은 질문은 '더블 바렐(double barrel) 질문'이라고 한다.

| 예 3 |

> 근년, 프리터의 증가가 문제로 되어 있는데, "정규직에 취업하고 싶지 않다"라고 하는 생활방식을 귀하는 어떻게 생각하십니까?

《 주의 3 유도적인 질문은 피해야 한다. 밑줄 친 부분의 표현이 나쁜 사실이라고 암시하고 있게 되어, 조사대상자의 정직한 회답을 거부해 버릴 염려가 있다.

| 예 4 |

> Q1 : 근년, 실력주의를 채택하고 있는 기업이 증가하고 있는데, 귀하는 어떻게 생각하십니까?
>
> Q2 : 대기업에 들어가기 위해서 유명대학을 목표로 하는 것을, 귀하는 어떻게 생각하십니까?

《 주의 4 앞의 질문이 그 다음 질문에 영향을 미치지 않도록 해야 한다.
이 경우에 Q1에 회답하게 됨에 따라 Q2의 회답에 대해서 비판적인 의견이 많아질 가능성이 있다.
이것을 잔류효과(carryover effect)라고 한다.

5   앙케트 조사표의 수정 및 점검

앙케트 조사표를 다시 한 번 평가하고 수정한다.

앙케트 조사표의 수정

앙케트 조사를 시작하기 전에 질문항목의 내용을 제3자에게 확인하게 하도록 한다. 그리고 앙케트 조사표를 사용해서 예비조사를 실시해 본다. 이 예비조사의 결과를 보고,

- 이해하기 어려운 질문항목
- 오해를 불러올 만한 질문항목

등이 있으면, 수정한다. 예비조사를 몇 번이고 반복해서 보다 나은 앙케트 조사표를 만들도록 한다.

앙케트 조사표의 점검

앙케트 조사표의 질문항목의 수정이 끝나면, 마지막으로

- 오자(誤字)·탈자(脫字)
- 레이아웃

등 전체의 점검을 실시한다.

6   앙케트 조사표의 완성

완성된 앙케트 조사표의 예를 들면 다음과 같다.

○○○○년 ○○월 ○○일

일에 대한 의식조사에 관한 앙케트

　저는 ○○대학교 대학원 ○○학과 ○○과정에서 ○○○○를 전공하고 있는 학생입니다.

　최근의 젊은이들의 일하는 방식에 관심을 갖고 연구를 하고 있습니다. 이 문제에 대하여 젊은이 여러분들이 어떠한 생각을 갖고 있는지 여쭙고자 합니다.

　회답의 내용은 오직 연구 목적으로만 활용될 것이며, 자료의 처리 과정 및 그 이후에도 비밀이 절대 보장될 것임을 약속드립니다. 조사는 무기명으로 실시됩니다. 있는 그대로를 대답해 주실 것을 부탁드립니다. 바쁘신 중에도 본 연구조사를 위해 귀중한 시간을 할애해 주셔서 진심으로 감사드립니다.

<기입에 대한 부탁의 말씀>

• 작성하실 때에 다른 사람과 상담하지 마시고 혼자서 작성해 주십시오.

• 회답이 끝나면 회답 난에 기입 누락이 없는지 다시 한 번 확인해 주십시오.

<조사결과 및 질문에 대해서>

• 조사 결과를 아시고 싶은 분은 아래 연락처로 알려 주시면 후일 보고해 드리겠습니다.

• 질문이 있으신 분은 아래 연락처로 문의해 주시기 바랍니다.

연락처 : ○○대학교 대학원 ○○학과 ○○과정
　　　　 ○○○
　　　　 서울시 ○○구 ○○동 ○○길 12-34
전화　　 : 02-○○○-○○○○
휴대전화 : 010-○○○○-○○○○
E-mail 　: ○○○@○○○○.ac.kr

귀하 자신에 대해서 여쭙겠습니다.

해당하는 숫자에 ○표를 해 주십시오. 그리고 공란에는 숫자를 기입해 주시기 바랍니다.

항목 1.1 **귀하의 성별을 답해 주십시오.**

    1. 여성   2. 남성

항목 1.2 **귀하의 연령을 답해 주십시오.**

    (　　　　)세

항목 1.3 **귀하의 현재 결혼 여부는?**

    1. 미혼   2. 기혼

항목 1.4 **귀하의 고용형태는 다음 중 어느 것입니까?**

    1. 정식사원   2. 계약사원   3. 파견사원
    4. 파트타이머   5. 프리터

항목 1.5 **귀하는 전직한 경험이 있습니까?**

    1. 있다   2. 없다

귀하의 업무에 대한 생각에 대해서 여쭙겠습니다.

해당하는 숫자에 ○표를 해 주십시오.

항목 2.1 **귀하는 장래 전직하고 싶다고 생각하십니까?**

　　　　1. 생각한다　　　　　　　　2. 생각하지 않는다

항목 2.2 **귀하는 회사선택에 있어서 이하의 조건을 어느 정도 중시하십니까?**

	중시하지 않는다	별로 중시하지 않는다	약간 중시한다	중시한다	
(1) 근속년수에 따라 확실히 연봉이 오를 것	1	2	3	4	(연공서열)
(2) 종신고용제도가 보증되어 있을 것	1	2	3	4	(종신고용)
(3) 노동시간이 짧을 것	1	2	3	4	(노동시간)
(4) 급여수준이 높을 것	1	2	3	4	(급여수준)
(5) 어느 정도의 규모 있는 기업일 것	1	2	3	4	(기업규모)
(6) 일의 계획이나 예정을 자신이 정 할 것	1	2	3	4	(자유재량)
(7) 자신의 능력을 살릴 수 있을 것	1	2	3	4	(능력주의)
(8) 회사에 일체감을 느낄 것	1	2	3	4	(귀속의식)

♣ 조사에 협력해 주셔서 대단히 감사합니다.

조사원에 대한 교육과 앙케트 조사표의 배포

앙케트 조사를 조사원에게 의뢰할 경우, 조사원에게 조사의 내용을 상세히 전해 놓지 않으면 안 된다.

구체적으로는 조사원에게 조사의 목적, 조사결과의 이용방법 등을 이해시키는 것이 중요하다. 그리고 조사회답자에게 불쾌한 생각을 갖지 않도록 하는 것도 중요하다는 것을 인식시켜야 한다.

조사실시를 위한 매뉴얼을 작성해서 조사원에게 건넨다. 특히 주의해야 할 사항은 회답률을 올리기 위해서 조사자 자신이 조사표에 응답하는 일은 절대 있어서는 안 된다.

앙케트 조사표 회수 시의 점검

회수한 앙케트 조사표의 점검을 실시한다. 회수했다고 해서 모든 앙케트 조사표가 유효하다고는 할 수 없다.

점검 1. 대부분 회답하고 있지 않은 앙케트 조사표는 무효이다. 또한 무회답의 부분에 대해서, 다시 조사회답자에게 의뢰할 수 있다면 회답해 받는 것이 바람직하다.
단, 일부러 회답하지 않은 경우도 있다. 회답하고 싶지 않기 때문에 무회답이 된 경우에는 무리하게 회답을 요구해서는 안 된다.

점검 2. 잘못된 기입이 있는 경우, 그 개소(個所)가 무효 또는 그 앙케트 조사표 자체가 무효가 되는 일이 있다. 잘못된 기입이 많은 경우에는 무효로 처리하는 편이 낫다.

점검 3. 분명히 진지하게 회답하지 않고 있다고 느끼는 경우, 무효로 처리한다. 모든 질문항목에 대해서 "어느 쪽이라고도 할 수 없다"를 선택한 경우도 무효로 처리한다.

앙케트 조사 결과

앞의 앙케트 조사표에 의해서 무작위 표본 100명을 대상으로 조사한 결과는 다음과 같다.

| 표 7-1 | 앙케트 조사결과

ID	성별	연령	결혼	고용 형태	전직 경험	전직 희망	연공 서열	종신 고용	노동 시간	급여 수준	기업 규모	자유 재량	능력 주의	귀속 의식
1	2	31	2	1	2	2	4	4	1	4	4	1	1	4
2	1	37	2	4	1	1	1	1	4	2	1	3	3	1
3	2	34	2	1	2	2	4	3	1	4	3	2	2	3
4	2	39	2	1	1	1	3	3	2	3	2	3	3	2
5	2	38	1	3	1	1	1	1	4	4	1	3	3	1
6	1	28	1	1	2	1	3	3	3	3	2	2	3	2
7	1	29	1	3	1	1	2	2	3	3	1	3	4	1
8	2	33	2	1	2	1	3	3	3	4	3	3	3	2
…	…	…	…	…	…	…	…	…	…	…	…	…	…	…
100	2	33	2	3	1	1	2	2	3	3	2	4	4	1

(주) 데이터 파일 '제7장'에 수록되어 있음.

8 보고서·논문의 작성

앙케트 조사표를 회수하고 데이터의 분석도 끝났다고 해서 앙케트 조사의 종료는 아니다. 그 다음은 앙케트 조사결과를 공표하기 위한 보고서·논문의 작성이다.

앙케트 조사·연구의 목적의 기입

이 조사의 목적을 기입하고, 선행연구와의 차이를 명확히 한다.

앙케트 조사의 방법의 기입

조사의 대상, 표본추출의 방법, 조사기간, 조사방법, 앙케트 조사표의 배포·회수방법·회수율, 데이터의 분석방법 등에 대해서 설명한다.

보고서나 논문에 맞추어서 기술할 내용을 선택한다. 특히 어떠한 통계처리를 했는지 분명히 밝힌다.

앙케트 조사의 결과와 고찰의 기입

데이터의 분석결과와 그것에 대한 해석이나 설명, 그리고 남은 문제나 장래에 대한 과제에 대해서 기입한다.

결과만을 기입하는 경우나 고찰과 결과를 별도로 기입하는 경우도 있다. 또한 결과와 고찰 다음에 토론이나 종합적인 고찰을 기입하는 경우도 있다.

문헌의 기입

보고서·논문 중에 인용한 문헌을 기입한다. 참고로 한 문헌도 기입한다.

자료의 기입

앙케트 조사표, 도표, 집계표를 기입하는 경우도 있다.

사사(謝辭)의 기입

도움을 받은 분들에 대한 감사의 말씀을 기입한다.

주성분분석에 의한 앙케트 처리

Chapter 08
주성분분석에 의한 앙케트 처리

제7장의 '앙케트 조사표 No.3'의 여덟 개 질문항목을 종합화해서 그 특성을 조사하려면, 이들 질문항목을 가능한 한 소수의 합성변수에 의해서 나타낼 수 있다.

항목 2.2 **귀하는 회사선택에 있어서 이하의 조건을 어느 정도 중시하십니까?**

	중시하지 않는다	별로 중시하지 않는다	약간 중시한다	중시한다	
(1) 근속년수에 따라 확실히 연봉이 오를 것	1	2	3	4	(연공서열)
(2) 종신고용제도가 보증되어 있을 것	1	2	3	4	(종신고용)
(3) 노동시간이 짧을 것	1	2	3	4	(노동시간)
(4) 급여수준이 높을 것	1	2	3	4	(급여수준)
(5) 어느 정도의 규모 있는 기업일 것	1	2	3	4	(기업규모)
(6) 일의 계획이나 예정을 자신이 정할 것	1	2	3	4	(자유재량)
(7) 자신의 능력을 살릴 수 있을 것	1	2	3	4	(능력주의)
(8) 회사에 일체감을 느낄 것	1	2	3	4	(귀속의식)

이와 같은 때는 주성분분석(principal component analysis)을 실시하면 된다. 주성분분석을 실시하면, 여덟 개의 질문항목을

특성1 = 0.894 × 연공서열 + 0.924 × 종신고용 - 0.491 × 노동시간
+ 0.459 × 급여수준 + 0.898 × 기업규모 - 0.694 × 자유재량
- 0.547 × 능력주의 + 0.919 × 귀속의식

이라든가

특성2 = 0.229 × 연공서열 + 0.212 × 종신고용 + 0.651 × 노동시간
- 0.110 × 급여수준 + 0.172 × 기업규모 + 0.517 × 자유재량
+ 0.427 × 능력주의 + 0.180 × 귀속의식

과 같이 1차식의 형태로 종합화해서 '종합적 특성'을 추출해 준다.

이 특성1과 특성2는 각각 무엇을 나타내고 있을까? 이 특성1과 특성2를 각각 제1주성분, 제2주성분이라고 한다.

주성분분석은 많은 질문항목을 소수의 특성으로 종합화하는 통계처리 수법이다.

그림으로 표현하면 다음과 같은 이미지이다.

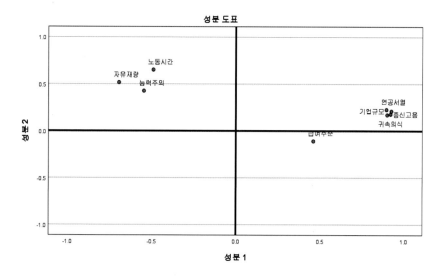

이 예에서는 여덟 개의 변수가 두 개의 합성 변수로 종합화되었다.

주성분분석은 많은 항목을 몇 개의 특성으로 정리하는 통계처리인데, 요인분석은 많은 항목으로부터 몇 개의 공통요인을 추출하는 통계처리 수법이다.

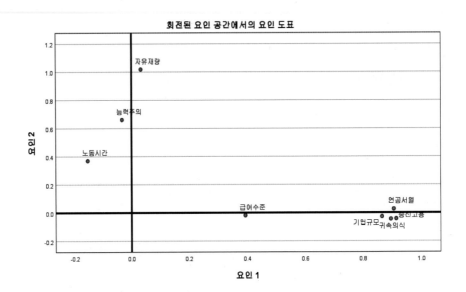

그런데 여덟 개의 질문항목에는 각각 서로 다른 변수명이 붙어 있는데, 특성1과 특성2에는 아직 구체적인 이름이 붙어 있지 않다.

그래서

특성1 = 생활의 안정도

특성2 = 업무의 충실도

와 같이 각각의 특성에 이름을 붙인다.

이 종합화된 특성을 '주성분'이라고 한다.

따라서

제1주성분 = 생활의 안정도

제2주성분 = 업무의 충실도

가 되는 것이다.

데이터를 표준화하지 않고 직접 원 데이터에 대해서 주성분분석을 적용하는 방법을 '분산공분산행렬로부터 출발하는 주성분분석'이라 하고, 표준화한 데이터에 대해서 주성분분석을 적용하는 방법을 '상관행렬로부터 출발하는 주성분분석'이라고 한다.

어느 쪽의 행렬로부터 출발하느냐의 판단기준은 다음과 같이 생각할 수 있다.
① 각 변수의 측정단위가 다르다.　　　　　　　　　→　상관행렬
② 각 변수의 산포도(散布度) 차이를 반영시키고 싶다.　→　분산공분산행렬
③ 각 변수의 산포도 차이를 반영시키고 싶지 않다.　　→　상관행렬
④ 그 밖에　　　　　　　　　　　　　　　　　　　→　양쪽 적용

Hint

주성분분석

주성분분석(principal component analysis)이란 해석하고자 하는 다차원의 데이터를 거기에 포함된 정보의 손실을 가능한 한 적게 해서 2차원 혹은 3차원의 데이터로 축약하는 수법이다. 주성분분석을 활용하면 관측대상이 어떠한 위치에 있는지 시각적으로 파악할 수 있게 된다.

주성분분석은 다음과 같은 목적으로 이용된다.

① 다수의 지표를 통합한 종합적인 지표를 작성한다.
② 관측대상을 몇 개의 그룹으로 나눈다.
③ 중회귀분석이나 판별분석을 위한 데이터를 다른 관점에서 음미한다.

여기에서는 분산공분산행렬에 의한 방법으로 주성분분석을 실시하도록 한다.

Hint

분산공분산행렬은 여러 변수와 관련된 분산과 공분산을 포함하는 정방형 행렬이다. 행렬의 대각선 원소는 각 변수의 분산을 포함하며, 대각선 이외의 원소는 가능한 모든 변수 쌍 간의 공분산을 포함한다. 예를 들어, 세 변수 X, Y, Z의 분산공분산행렬을 생성할 수 있다. 오른쪽 표에서 분산은 대각선을 따라 굵게 표시된다. X, Y, Z의 분산은 각각 2.0, 3.4, 0.82이다. X와 Y의 공분산은 -0.86이다.

	X	Y	Z
X	**2.0**	-0.86	-0.15
Y	-0.86	**3.4**	0.48
Z	-0.15	0.48	**0.82**

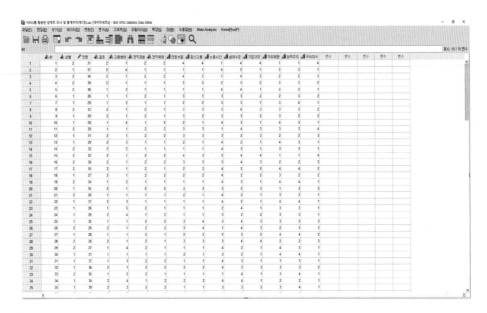

🌀 SPSS의 순서

《순서 1》 데이터의 입력

<표 7-1>에 대한 데이터표를 입력한다.

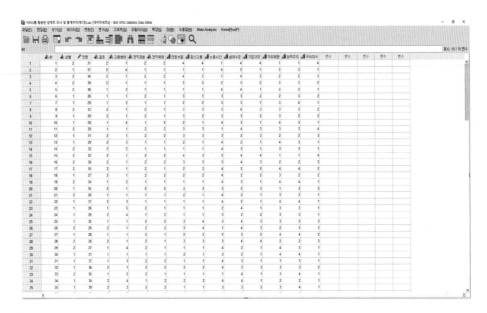

《순서 2》 분석수법의 선택

메뉴에서 [분석] - [차원 축소] - [요인분석]을 선택한다.

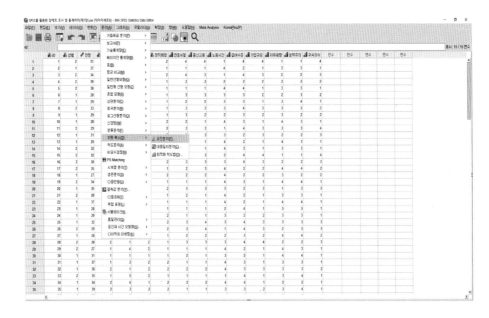

《순서 3》 변수의 선택

연공서열에서 귀속의식까지의 여덟 개의 질문항목을 [변수]로 이동한다.

《순서 4》 요인추출의 선택

(1) [요인추출]을 클릭하면, 다음 화면이 된다.

(2) [공분산행렬]을 체크한다. 즉, 분산공분산행렬에 의한 주성분분석을 선택한다.

(3) 다음에 [고정된 요인 수]를 체크하고, '8'이라고 입력한다. [계속]을 클릭한다.

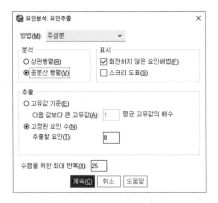

(주) 실제로 주성분분석을 실시할 때는 요인 수를 2~3개로 한다. 또는 [고유값 기준]을 '1'로 해서 요인을 추출하는데, 이것은 추출되는 고유값의 평균이 '1'이라는 의미이다. 즉, 평균 이상의 고유값을 갖는 요인만을 추출한다는 뜻이다.

《순서 5》 [요인회전]을 클릭한다. 회전방법은 선택하지 않고, [적재량 도표]에 체크하고, [계속]을 클릭한다.

《순서 6》 [점수]를 클릭한다. 다음과 같이 체크하고 [계속]을 클릭한다.

《순서 7》 [옵션]을 클릭한다. 주성분의 변수를 크기순으로 정렬하고 싶은 때는 [크기순 정렬]에
체크하고 [계속]을 클릭한다.

《순서 8》 다음 화면으로 되돌아오면 [확인]을 클릭한다.

🦀 분석결과(1)

공통성

	원래 값		재척도화	
	초기	추출	초기	추출
연공서열	1.199	1.199	1.000	1.000
종신고용	1.293	1.293	1.000	1.000
노동시간	1.038	1.038	1.000	1.000
급여수준	.798	.798	1.000	1.000
기업규모	1.250	1.250	1.000	1.000
자유재량	.987	.987	1.000	1.000
능력주의	.733	.733	1.000	1.000
귀속의식	1.242	1.242	1.000	1.000

추출 방법: 주성분 분석.

설명된 총분산

	성분	초기 고유값[a]			추출 제곱한 적재량		
		전체	% 분산	누적 %	전체	% 분산	누적 %
원래 값	1	5.230	61.251	61.251	5.230	61.251	61.251
	2	1.044	12.229	73.480	1.044	12.229	73.480
	3	.831	9.728	83.209	.831	9.728	83.209
	4	.565	6.619	89.828	.565	6.619	89.828
	5	.327	3.830	93.658	.327	3.830	93.658
	6	.229	2.686	96.344	.229	2.686	96.344
	7	.163	1.907	98.251	.163	1.907	98.251
	8	.149	1.749	100.000	.149	1.749	100.000
재척도화	1	5.230	61.251	61.251	4.535	56.690	56.690
	2	1.044	12.229	73.480	1.044	13.050	69.739
	3	.831	9.728	83.209	.973	12.161	81.900
	4	.565	6.619	89.828	.656	8.196	90.096
	5	.327	3.830	93.658	.319	3.993	94.089
	6	.229	2.686	96.344	.190	2.377	96.466
	7	.163	1.907	98.251	.161	2.016	98.482
	8	.149	1.749	100.000	.121	1.518	100.000

추출 방법: 주성분 분석.

a. 공분산 행렬 분석시 원래의 해법과 재척도화 해법에서 초기 고유값은 동일합니다.

분석결과(2)

성분행렬[a]

	원래값 성분								재척도화 성분							
	1	2	3	4	5	6	7	8	1	2	3	4	5	6	7	8
종신고용	1.050	.241	-.017	-.084	-.170	.055	-.009	-.304	.924	.212	-.015	-.074	-.150	.048	-.008	-.267
귀속의식	1.024	.200	.103	.008	-.213	.061	-.239	.190	.919	.180	.093	.007	-.191	.055	-.215	.170
기업규모	1.004	.192	-.110	-.140	.267	.263	.155	.090	.898	.172	-.099	-.125	.239	.235	.139	.081
연공서열	.979	.251	.027	-.015	.148	-.386	.066	.041	.894	.229	.024	-.014	.135	-.353	.060	.038
자유재량	-.689	.513	.333	-.123	.290	.027	-.182	-.070	-.694	.517	.335	-.123	.292	.028	-.183	-.071
능력주의	-.468	.365	.458	-.248	-.257	.002	.196	.069	-.547	.427	.535	-.290	-.300	.003	.229	.081
노동시간	-.501	.663	-.432	.388	-.082	.018	.047	.024	-.491	.651	-.424	.381	-.081	.017	.046	.023
근여수준	.410	-.098	.547	.558	.055	.057	.057	-.026	.459	-.110	.612	.625	.062	.064	.064	-.029

추출 방법: 주성분 분석.

a. 추출된 8 성분

(주) 원래값은 분산공분산행렬의 고유벡터이다.
　　재척도화는 요인부하량(factor loading)이다.

분산공분산행렬을 표준화하면 상관행렬이 된다. 이것들은 다변량분석의 필수품이다. 고유값이나 고유벡터를 구할 때, 이들은 대칭행렬이기 때문에 좋은 성질을 가지고 있다.

분석결과의 해석방법

1) 제1주성분의 계수

SPSS의 출력 중에 다음과 같은 부분이 있다.

성분행렬[a]

재척도화
성분

	1	2	3	4	5	6	7	8
종신고용	.924	.212	-.015	-.074	-.150	.048	-.008	-.267
귀속의식	.919	.180	.093	.007	-.191	.055	-.215	.170
기업규모	.898	.172	-.099	-.125	.239	.235	.139	.081
연공서열	.894	.229	.024	-.014	.135	-.353	.060	.038
자유재량	-.694	.517	.335	-.123	.292	.028	-.183	-.071
능력주의	-.547	.427	.535	-.290	-.300	.003	.229	.081
노동시간	-.491	.651	-.424	.381	-.081	.017	.046	.023
급여수준	.459	-.110	.612	.625	.062	.064	.064	-.029

추출 방법: 주성분 분석.

a. 추출된 8 성분

이것은 제1주성분에서 제8주성분까지의 계수로 되어 있다. 그러나 실제로 분석에서 이용하는 것은 제1주성분과 제2주성분이다.

따라서 제1주성분 z_1 은 다음과 같다.

$$z_1 = 0.924 \times 종신고용 + 0.919 \times 귀속의식 + 0.898 \times 기업규모$$
$$+ 0.894 \times 연공서열 - 0.694 \times 자유재량 - 0.547 \times 능력주의$$
$$- 0.491 \times 노동시간 + 0.459 \times 급여수준$$

이 주성분을 '종합적 특성'이라고 부르고 있다.
왜 이 주성분을 종합적 특성이라고 하는 것일까?

주성분은 여덟 개의 질문항목의 1차식의 결합으로 되어 있으므로, 그런 의미에서 여덟 개의 질문항목의 종합화로 되어 있다.

그렇지만 그것만은 아니다. 또 하나의 이유를 알기 위해서는 다음에 주목할 필요가 있다.

"데이터가 가지고 있는 정보량"

(주) 분산은 데이터의 정보량이다.

Hint

주성분분석은 역학의 주축정리에서 착안하여 1901년에 칼 피어슨이 처음 개발했으며, 1930년대에는 이 사실을 모르던 해롤드 호텔링에 의해 별도로 개발 및 명명되었다. 주성분분석은 대부분 탐구 데이터 분석의 도구나 예측 모델을 만드는 데 사용되었다. 공분산 또는 연관성 데이터 행렬을 각각의 속성에 대해 평균중심화(그리고 정규화 또는 Z점수로 표준화)를 한 후에 행렬에 대해 고유값 분해나 특이값 분해를 하여 주성분분석이 가능하다. 주성분분석의 결과는 보통 요인 점수라고도 불리는 요소 점수(특정 데이터 지점에 따른 변환된 변수 값)와 하중을 가지고 논의된다.

2) 제1주성분과 제2주성분의 정보량

SPSS의 다음 출력을 살펴보자.

설명된 총분산

성분		초기 고유값[a]			추출 제곱한 적재량		
		전체	% 분산	누적 %	전체	% 분산	누적 %
원래 값	1	5.230	61.251	61.251	5.230	61.251	61.251
	2	1.044	12.229	73.480	1.044	12.229	73.480
	3	.831	9.728	83.209	.831	9.728	83.209
	4	.565	6.619	89.828	.565	6.619	89.828
	5	.327	3.830	93.658	.327	3.830	93.658
	6	.229	2.686	96.344	.229	2.686	96.344
	7	.163	1.907	98.251	.163	1.907	98.251
	8	.149	1.749	100.000	.149	1.749	100.000
재척도화	1	5.230	61.251	61.251	4.535	56.690	56.690
	2	1.044	12.229	73.480	1.044	13.050	69.739
	3	.831	9.728	83.209	.973	12.161	81.900
	4	.565	6.619	89.828	.656	8.196	90.096
	5	.327	3.830	93.658	.319	3.993	94.089
	6	.229	2.686	96.344	.190	2.377	96.466
	7	.163	1.907	98.251	.161	2.016	98.482
	8	.149	1.749	100.000	.121	1.518	100.000

추출 방법: 주성분 분석.

a. 공분산 행렬 분석시 원래의 해법과 재척도화 해법에서 초기 고유값은 동일합니다.

이 출력의 부분이 데이터가 가지고 있는 정보량을 나타내고 있다. 예를 들면, 성분1의 고유값은 5.230이고, % 분산은 61.251로 되어 있다.

이것은 다음의 식

$$\frac{5.230}{5.230+1.044+0.831+\cdots+0.149}\times 100 = 61.251\%$$

으로 계산된다.

따라서 성분1(= 제1주성분)은 데이터 전체의 정보량

$$5.230+1.044+0.831+\cdots+0.149 = 8.538$$

중 61.251%의 정보를 갖고 있다고 할 수 있는 것이다.

다시 말하면, 제1주성분은 전체의 정보량 중 61.251%의 정보를 갖고 있다.

성분2(=제2주성분)은

$$\frac{1.044}{5.230+1.044+0.831+\cdots+0.149}\times 100 = 12.229\%$$

다시 말하면, 제2주성분은 전체의 정보량 중 12.229%의 정보를 갖고 있다.

그런데 성분8(= 제8주성분)에서는

$$\frac{0.149}{5.230+1.044+0.831+\cdots+0.149}\times 100 = 1.749\%$$

따라서 제8주성분에는 정보가 거의 남아 있지 않다.

이와 같이 주성분분석을 실시하면 100명의 조사회답자의 정보를

제1주성분, 제2주성분

에 거의 모아놓고 있다.

그래서 제1주성분이나 제2주성분을 '종합적 특성'이라고 부르고 있는 것이다.

3) 제1주성분과 제2주성분의 종합적 특성

제1주성분, 제2주성분은 각각 어떠한 종합적 특성을 가지고 있는 것일까?

그래서 다시 한 번 성분1과 성분2의 계수를 관찰해 보자.

그러면 다음과 같이 계수의 절대치가 큰 변수가 있다는 것이 눈이 띈다.

성분행렬[a]

재척도화
성분

	1	2	3	4	5	6	7	8
종신고용	.924	.212	-.015	-.074	-.150	.048	-.008	-.267
귀속의식	.919	.180	.093	.007	-.191	.055	-.215	.170
기업규모	.898	.172	-.099	-.125	.239	.235	.139	.081
연공서열	.894	.229	.024	-.014	.135	-.353	.060	.038
자유재량	-.694	.517	.335	-.123	.292	.028	-.183	-.071
능력주의	-.547	.427	.535	-.290	-.300	.003	.229	.081
노동시간	-.491	.651	-.424	.381	-.081	.017	.046	.023
급여수준	.459	-.110	.612	.625	.062	.064	.064	-.029

추출 방법: 주성분 분석.

a. 추출된 8 성분

제1주성분에서는 {종신고용 귀속의식 기업규모 연공서열}, 제2주성분에서는 {자유재량 능력주의 노동시간}이 요인부하량에 크게 기여하고 있다.

다시 말하면, 제1주성분은 다음의 네 가지 질문항목

{종신고용 귀속의식 기업규모 연공서열}

을 주로 종합화한 변수라고 생각된다.

이들 질문항목은 생활의 안정에 관한 것이므로

제1주성분 = 생활의 안정도

라고 이름붙일 수 있다.

제2주성분에 대해서는

{자유재량 능력주의 노동시간}

이라고 하는 질문항목을 주로 종합화한 변수라고 생각되기 때문에,

제2주성분 = 업무의 충실도

라고 이름붙일 수 있겠다.

분석결과(3)

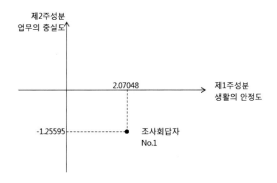

주성분점수는 위와 같이 데이터 파일의 오른쪽에 계산되어 있다.

제1주성분에서 제8주성분까지 계산되어 있는데, 실제로 이용하는 것은 제1주성분과 제2주성분이다.

예를 들면, No.1의 조사회답자의 주성분점수는

      제1주성분점수 = 2.07048

      제2주성분점수 = -1.25595

이므로 No.1의 조사회답자의 위치는 다음과 같이 된다.

따라서,

　　"No.1의 조사회답자는 업무의 충실도보다도 생활의 안정을 바라고 있다"

는 것을 알 수 있다.

　　No.1의 조사회답자 이외의 조사회답자에 대해서도 제1주성분과 제2주성분을 각각 가로축 세로축으로 하는 산점도를 작성해서 각각의 위치를 조사할 수 있다.

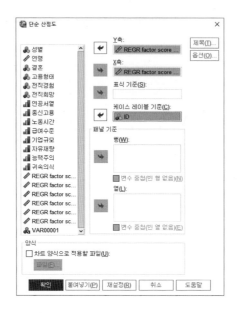

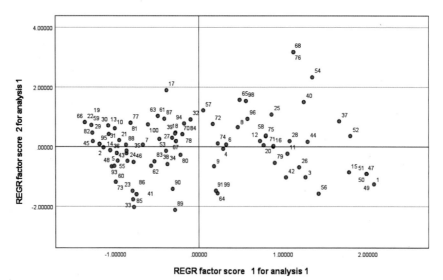

상관행렬에 의한 제1주성분과 제2주성분을 구해보자.

《순서 1》요인추출 방법 선택

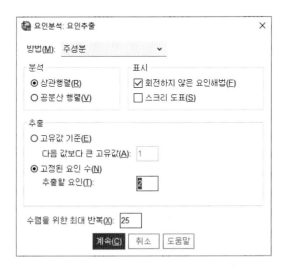

《순서 2》요인회전에서 [적재량 도표] 선택

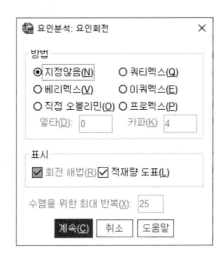

《순서 3》요인점수 선택

《순서 4》옵션에서 [크기순 정렬] 선택

🌀 분석결과(1)

설명된 총분산

성분	초기 고유값			추출 제곱합 적재량		
	전체	% 분산	누적 %	전체	% 분산	누적 %
1	4.560	56.994	56.994	4.560	56.994	56.994
2	1.069	13.358	70.352	1.069	13.358	70.352
3	.947	11.833	82.185			
4	.644	8.053	90.238			
5	.322	4.023	94.261			
6	.189	2.368	96.629			
7	.151	1.890	98.518			
8	.119	1.482	100.000			

추출 방법: 주성분 분석.

성분행렬[a]

	성분	
	1	2
종신고용	.901	.236
귀속의식	.901	.262
기업규모	.881	.151
연공서열	.876	.258
자유재량	-.731	.545
노동시간	-.516	.282
급여수준	.485	.250
능력주의	-.597	.645

추출 방법: 주성분 분석.

a. 추출된 2 성분

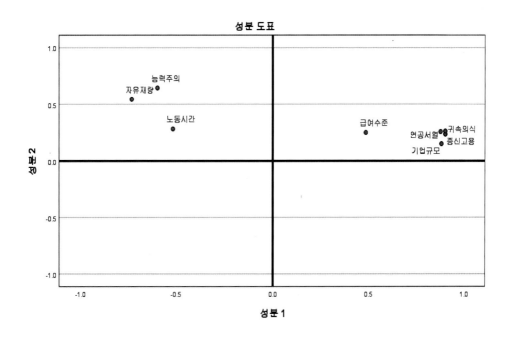

성분 도표

🌀 분석결과(2)

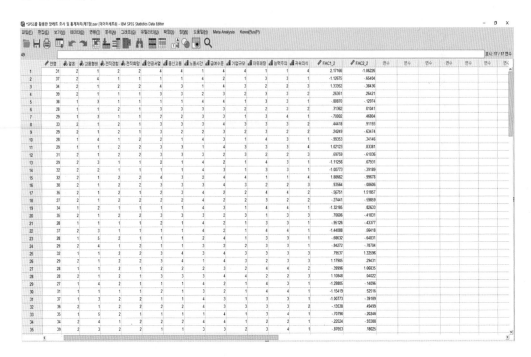

🌀 요인추출 방법 선택(2)

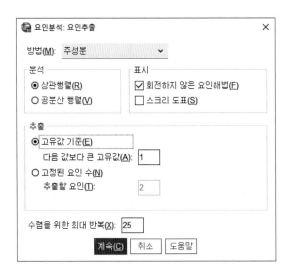

요인추출 방법 선택에서 [고유값 기준]을 '1'을 지정하여 추출할 수도 있다. 이 예제의 경우
분석결과는 [고정된 요인 수]를 '2'로 지정해서 분석한 결과와 같다.

SPSS를 활용한
앙케트 조사 및
통계처리

요인분석에 의한
앙케트 처리

Chapter 09
요인분석에 의한 앙케트 처리

1 공통요인 추출

앙케트 조사의 여덟 항목의 **공통요인**을 조사하려면 요인분석을 실시한다.

항목 2.2 **귀하는 회사선택에 있어서 이하의 조건을 어느 정도 중시하십니까?**

	중시하지 않는다	별로 중시하지 않는다	약간 중시한다	중시한다	
(1) 근속년수에 따라 확실히 연봉이 오를 것	1	2	3	4	(연공서열)
(2) 종신고용제도가 보증되어 있을 것	1	2	3	4	(종신고용)
(3) 노동시간이 짧을 것	1	2	3	4	(노동시간)
(4) 급여수준이 높을 것	1	2	3	4	(급여수준)
(5) 어느 정도의 규모 있는 기업일 것	1	2	3	4	(기업규모)
(6) 일의 계획이나 예정을 자신이 정 할 것	1	2	3	4	(자유재량)
(7) 자신의 능력을 살릴 수 있을 것	1	2	3	4	(능력주의)
(8) 회사에 일체감을 느낄 것	1	2	3	4	(귀속의식)

요인분석을 실시하면 여덟 개의 질문항목은

공통요인1의 주요 항목은 {종신고용 연공서열 귀속의식} 등이 추출된다. 그렇다면 이들 세 항목을 중시하고자 하는 심층심리는 무엇인가?

공통요인2의 주요 항목은 {자유재량 능력주의} 등이 추출된다. 이 두 항목을 중시하고자 하는 마음 속 깊은 곳이 있는 것은 무엇인가?

이와 같이 요인분석은 여덟 개의 질문항목의 공통요인을 추출해 준다.

요인분석(factor analysis)은 많은 변수로부터 몇 개의 공통요인을 추출하는 통계처리 수법이다. 요인분석은 많은 변수의 상호관련성을 소수의 기본적인 요인으로 집약하는 방법의 하나로 전체 변수에 공통적인 요인이 있다고 가정하고, 이 요인을 찾아내어 각 변수가 어느 정도 영향을 받고 있는지 그 정도를 산출하기도 하고 그 집단의 특성이 무엇인가를 기술하려는 통계수법이다.

요인분석의 용도

요인분석이 회귀분석이나 판별분석 등의 다른 다변량분석법과 다른 점은 설명변수와 목적 변수가 지정되지 않고 변수들 간의 상호작용을 분석하는 데 있다. 요인분석은 주로 다음과 같은 경우에 사용된다.

(1) 데이터의 양을 줄여 정보를 요약하는 경우
(2) 변수들 내부에 존재하는 구조를 발견하고자 하는 경우
(3) 요인으로 묶이지 않는 중요도가 낮은 변수를 제거하고자 하는 경우
(4) 같은 개념을 측정하는 변수들이 동일한 요인으로 묶이는지를 확인(측정도구의 타당성 검정)하고자 하는 경우
(5) 요인분석을 통하여 얻어진 요인들을 회귀분석이나 판별분석에서 설명변수로 활용하고자 하는 경우

요인의 회전

요인의 회전이란 요인의 축을 약간 회전시킴으로써 요인의 의미를 간파하기 쉽도록 하고자 하는 것이다. 예를 들면, 다음과 같은 이미지를 말한다.

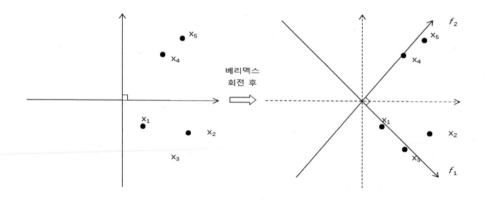

요인분석과 주성분분석의 차이

요인분석과 주성분분석의 차이는 어디에 있는가? 다음의 경로도형(path diagram)이 그 차이를 보이고 있다.

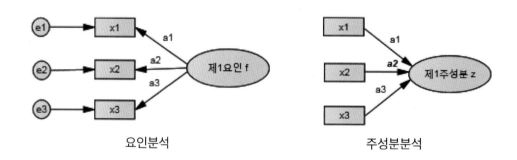

요인분석   주성분분석

모형의 식으로 표현하면 각각 다음과 같다.

요인분석의 모형

$$x_1 = a_1 f + e_1$$
$$x_2 = a_2 f + e_2$$
$$x_3 = a_3 f + e_3$$

주성분분석의 모형
$$z = a_1 x_1 + a_2 x_2 + a_3 x_3$$

즉, 차이는 오차의 취급에 있다.

오차를 생각하는 것이 요인분석이고, 오차를 생각하지 않는 것이 주성분석인 것이다.

그런데 여덟 개의 질문항목에는

{연공서열 종신고용 노동시간 급여수준 기업규모 자유재량 능력주의 귀속의식}

과 같이 각각 변수명이 붙어 있는데, 공통요인1, 공통요인2에는 아직 구체적인 이름이 붙어있지 않다.

그래서 주요 질문항목의 공통점을 생각하면서

공통요인1 = 소속하는 것의 안심감

공통요인2 = 업무에 대한 의욕

과 같이 각각의 공통요인에 이름을 붙인다.

이 공통요인(common factor)을 단지 요인(factor))이라고 한다.

따라서

제1요인 = 소속하는 것의 안심감

제2요인 = 업무에 대한 의욕

이 된다.

2 요인분석의 실제

요인분석에서는

주축 요인추출법 ⇒ 베리멕스 회전

최대우도법   ⇒ 프로멕스 회전

을 자주 사용한다.

요인의 회전이란 요인의 축을 약간 회전시킴으로써 요인의 의미를 간파하기 쉽도록 하고자 하는 것이다. 베리멕스 회전은 직각회전(直角回轉)이고, 프로멕스 회전은 사각회전(斜角回轉)의 일종이다.

여기에서는 최대우도법을 사용해서 요인분석을 실시한다.

🌀 SPSS의 순서

《순서 1》 데이터의 입력

여기에서도 <표 7-1>의 데이터를 입력한다.

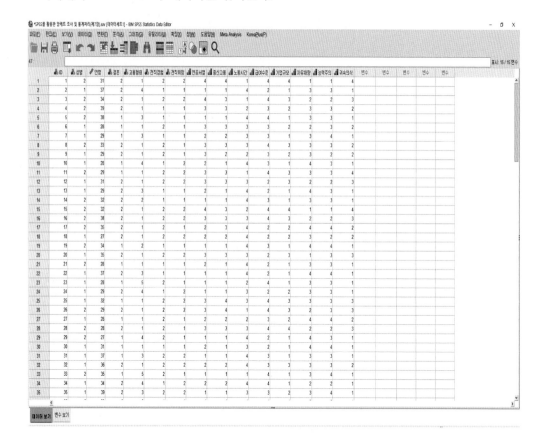

《순서 2》 분석수법의 선택

메뉴에서 [분석] - [차원 축소] - [요인분석]을 선택한다.

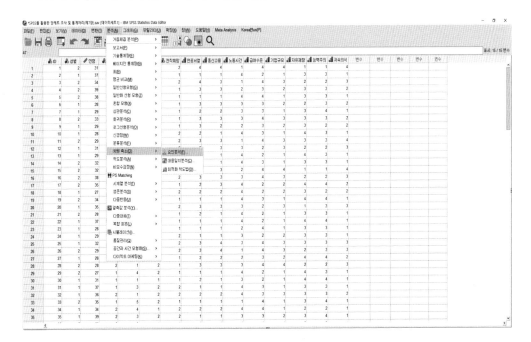

《순서 3》 변수의 선택

연공서열에서 귀속의식까지의 여덟 개의 질문항목을 [변수]로 이동한다.

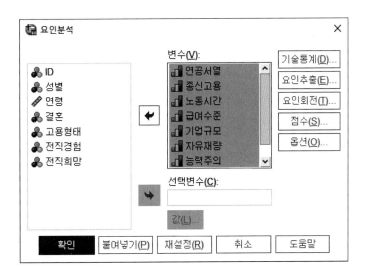

《순서 4》 요인추출의 선택

　　[요인추출]을 클릭하면, 다음 화면이 된다. [방법]에서 [최대우도]를 선택하고 [계속]을 클릭한다.

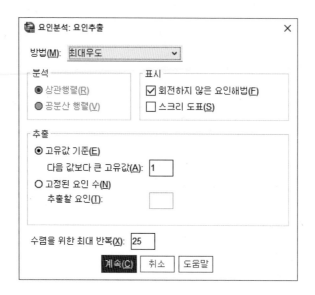

《순서 5》 [요인회전]을 클릭한다. [프로멕스]를 선택하고, [적재량 도표]에 체크한 다음에 [계속]을 클릭한다.

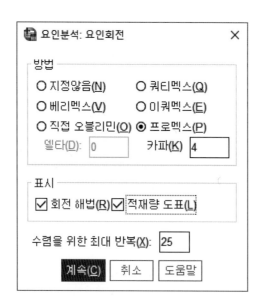

《순서 6》 [점수]를 클릭한다. 다음과 같이 체크하고 [계속]을 클릭한다.

《순서 7》 [옵션]을 클릭한다. 요인의 변수를 크기순으로 정렬하고 싶은 때는 [크기순 정렬]에
체크하고 [계속]을 클릭한다.

《순서 8》 [기술통계]를 클릭한다. [KMO와 Bartlett의 구형성 검정]에 체크하고 [계속]을 클릭한다.

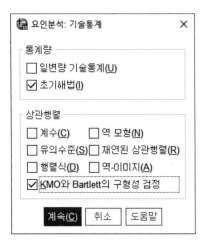

《순서 9》 다음 화면으로 되돌아오면 [확인]을 클릭한다.

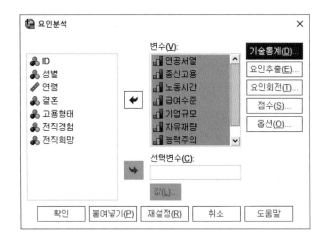

👆 분석결과(1)

KMO와 Bartlett의 검정

표본 적절성의 Kaiser-Meyer-Olkin 측도.		.838
Bartlett의 구형성 검정	근사 카이제곱	547.242
	자유도	28
	유의확률	.000

공통성[a]

	초기	추출
연공서열	.753	.793
종신고용	.831	.881
노동시간	.277	.226
급여수준	.248	.163
기업규모	.765	.776
자유재량	.630	.999
능력주의	.530	.465
귀속의식	.815	.850

추출 방법: 최대우도.

a. 반복계산 중 1보다 큰 하나 이상의 공통성 추정량이 나타났습니다. 결과해법은 주의하여 해석해야 합니다.

설명된 총분산

요인	초기 고유값			추출 제곱합 적재량			회전 제곱합 적재량[a]
	전체	% 분산	누적 %	전체	% 분산	누적 %	전체
1	4.560	56.994	56.994	2.837	35.458	35.458	4.073
2	1.069	13.358	70.352	2.315	28.940	64.399	2.895
3	.947	11.833	82.185				
4	.644	8.053	90.238				
5	.322	4.023	94.261				
6	.189	2.368	96.629				
7	.151	1.890	98.518				
8	.119	1.482	100.000				

추출 방법: 최대우도.

a. 요인이 상관된 경우 전체 분산을 구할 때 제곱합 적재량이 추가될 수 없습니다.

🌙 분석결과(1)의 해석방법

KMO의 타당성 값이 0.5 미만일 때는

"요인분석을 실시하는 타당성이 없다"

라고 생각되어진다.

이 데이터의 경우 0.838이므로 요인분석을 실시하는 데에 타당성이 있다.

Bartlett의 구형성 검정의 가설은

$\qquad$ 귀무가설 H_0 : 상관행렬은 단위행렬이다

$\qquad$ 대립가설 H_1 : 상관행렬은 단위행렬이 아니다

이다.

$\qquad$ 유의확률 $0.000 \leq$ 유의수준 0.05

이므로, 귀무가설 H_0는 기각된다.

다시 말하면, 질문항목 사이에 상관이 있으므로, 공통요인을 생각하는 데에 의미가 있다.

공통성은 그 질문항목이 갖고 있는 정보량을 가리킨다.

설명된 총분산은 고유값 기준 1 이상의 추출된 요인의 % 분산, 누적 % 등을 보여준다. 제2요인까지의 누적 %는 70.352%이다.

◑ 분석결과(2)

요인행렬[a]

	요인	
	1	2
자유재량	-.999	.010
능력주의	-.681	-.039
노동시간	-.456	-.134
종신고용	.557	.756
연공서열	.483	.748
귀속의식	.549	.741
기업규모	.514	.715
급여수준	.240	.325

추출 방법: 최대우도.
 a. 추출된 2 요인 5의 반복계
  산이 요구됩니다.

패턴 행렬[a]

	요인	
	1	2
종신고용	.913	-.043
연공서열	.905	.026
귀속의식	.895	-.045
기업규모	.865	-.028
급여수준	.393	-.019
자유재량	.033	1.018
능력주의	-.034	.662
노동시간	-.154	.369

추출 방법: 최대우도.
회전 방법: 카이저 정규화가 있는
프로멕스.
 a. 3 반복계산에서 요인회전
  이 수렴되었습니다.

패턴 행렬은 프로멕스 회전 후의 요인부하량이다. 이 값의 대소나 플러스·마이너스를 보면서 공통요인을 찾아 이름을 붙인다.

요인부하량이 큰 변수는 다음과 같이 되어 있다.

제1요인 ··· {종신고용 연공서열 귀속의식 기업규모}
제2요인 ··· {자유재량 능력주의}

🌙 분석결과(3)

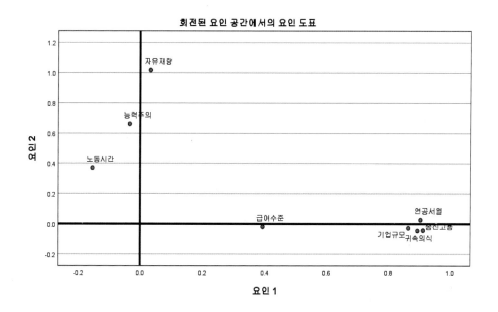

회전된 요인 공간에서의 요인 도표를 보여 주고 있다. 제1요인과 제2요인을 구성하는 질문 항목을 잘 나타내고 있다.

| 3 | 주축요인추출에 의한 요인분석 |

요인추출 방법의 주축요인추출을 사용해서 제1요인, 제2요인을 구해보자.
분석할 질문항목은 다음의 다섯 가지로 한다.

{연공서열 종신고용 자유재량 능력주의 기업규모}

┌───┐
│ | 주의 | │
│   │
│ 요인분석에서는   │
│   주축요인추출법 ⇒ 베리멕스 회전   │
│   최대우도법   ⇒ 프로멕스 회전   │
│ 을 자주 사용한다.   │
└───┘

《순서 1》 변수의 선택

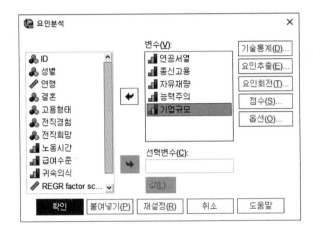

《순서 2》 요인추출의 선택

《순서 3》 요인회전의 선택

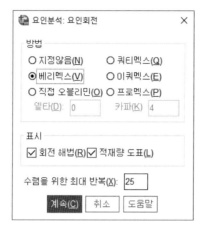

《순서 4》 요인점수의 선택

《순서 5》 옵션의 선택

KMO와 Bartlett의 검정

표본 적절성의 Kaiser-Meyer-Olkin 측도.		.764
Bartlett의 구형성 검정	근사 카이제곱	342.514
	자유도	10
	유의확률	.000

공통성[a]

	초기	추출
연공서열	.729	.795
종신고용	.786	.871
자유재량	.565	.666
능력주의	.509	.718
기업규모	.750	.800

추출 방법: 주축요인추출.

설명된 총분산

요인	초기 고유값			추출 제곱합 적재량			회전 제곱합 적재량		
	전체	% 분산	누적 %	전체	% 분산	누적 %	전체	% 분산	누적 %
1	3.394	67.882	67.882	3.178	63.553	63.553	2.374	47.472	47.472
2	.938	18.760	86.642	.673	13.463	77.015	1.477	29.543	77.015
3	.335	6.695	93.337						
4	.194	3.890	97.226						
5	.139	2.774	100.000						

추출 방법: 주축요인추출.

요인행렬[a]

	요인	
	1	2
종신고용	.891	.278
기업규모	.873	.196
연공서열	.850	.269
자유재량	-.704	.412
능력주의	-.635	.561

추출 방법: 주축 요인추출.

a. 2 요인 추출을 시도했습니다. 25 넘는 반복계산이 요구됩니다. (수렴=.003). 추출이 종료됩니다.

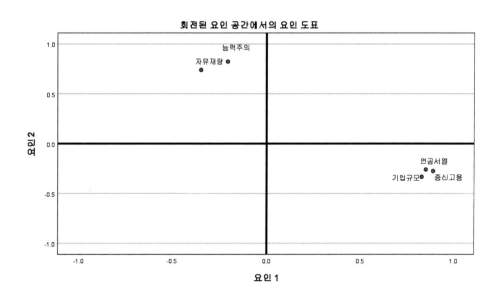

요인부하량이 큰 변수는 다음과 같이 되어 있다.

제1요인 … {종신고용 연공서열 기업규모}

제2요인 … {자유재량 능력주의}

군집분석과 판별분석에 의한 앙케트 처리

Chapter 10
군집분석과 판별분석에 의한 앙케트 처리

1 분류와 판별

군집분석을 사용해서 100명의 조사회답자를 네 개의 그룹으로 분류했다고 하자. 그 다음에 여기에서 알고 싶은 것은 다음의 두 가지 사항이다.

첫째, 몇 개의 그룹 분류에 공헌한 것은 여덟 개의 질문항목 중 어느 항목일까?
둘째, 100명의 조사회답자가 몇 개의 그룹으로 분류되었는데, 각 그룹에 있어서 중요한 질문항목은 어느 것일까?

항목 2.2 **귀하는 회사선택에 있어서 이하의 조건을 어느 정도 중시하십니까?**					
	중시하지 않는다	별로 중시하지 않는다	약간 중시한다	중시한다	
(1) 근속년수에 따라 확실히 연봉이 오를 것	1	2	3	4	(연공서열)
(2) 종신고용제도가 보증되어 있을 것	1	2	3	4	(종신고용)
(3) 노동시간이 짧을 것	1	2	3	4	(노동시간)
(4) 급여수준이 높을 것	1	2	3	4	(급여수준)
(5) 어느 정도의 규모 있는 기업일 것	1	2	3	4	(기업규모)
(6) 일의 계획이나 예정을 자신이 정할 것	1	2	3	4	(자유재량)
(7) 자신의 능력을 살릴 수 있을 것	1	2	3	4	(능력주의)
(8) 회사에 일체감을 느낄 것	1	2	3	4	(귀속의식)

먼저 항목 2.2에 대해서 군집분석을 실시한다. 군집분석은 각 개체의 유사성을 측정하여 높은 대상 집단을 분류하고, 군집에 속한 개체들의 유사성과 서로 다른 군집에 속한 개체 간의 상이성을 규명하는 통계분석 방법이다. 비슷한 특성을 가진 개체를 합쳐가면서 최종적으로 유사 특성의 그룹을 발굴하는 데 사용된다.

2 │ 질문항목을 변수로 하는 군집분석

여덟 개의 질문항목을 변수로 해서 군집분석을 실시한다. 그러면 100명의 조사회답자를 비슷한 사람끼리 그룹으로 분류할 수 있다.

질문항목을 변수로 하는 경우

《순서 1》 데이터의 입력

여기에서도 <표 7-1>의 데이터를 입력한다.

《순서 2》 메뉴에서 [분석] - [분류분석] - [K - 평균 군집]을 선택한다.

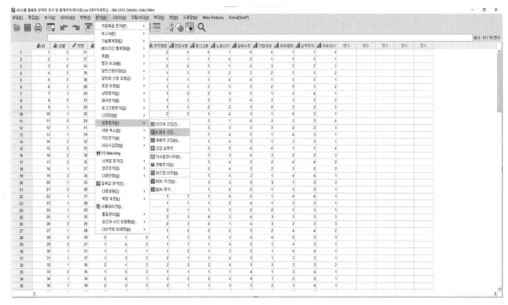

(주) 데이터 수가 적을 대는 [계층적 군집(H)]을 선택한다.

《순서 3》 [K - 평균 군집] 대화상자가 나타나면, 연공서열, 종신고용, 노동시간, 급여수준, 기업 규모, 자유재량, 능력주의, 귀속의식 등을 [변수]로 이동한다. [군집 수]에 4를 입력한다. [방법]으로서 [반복계산 및 분류하기]를 선택한 상태로 유지한다.

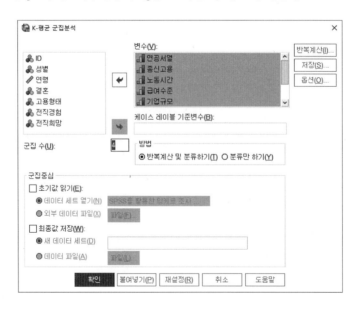

《순서 4》 [저장]을 클릭하여 다음의 화면이 나타나면, [소속군집]을 체크하고 [계속]을 클릭한다.

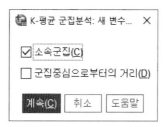

《순서 5》 다음 화면으로 되돌아오면 [확인]을 클릭한다.

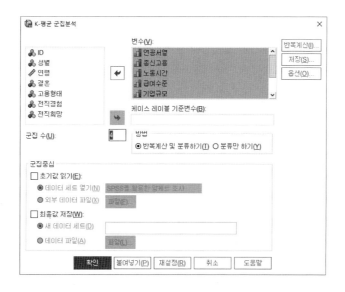

🐚 분석결과

군집중심 초기값

	군집			
	1	2	3	4
연공서열	4	1	4	2
종신고용	4	1	4	4
노동시간	1	2	4	3
급여수준	4	4	4	1
기업규모	4	1	4	2
자유재량	1	4	4	1
능력주의	1	4	4	4
귀속의식	4	1	4	2

반복계산과정[a]

군집중심의 변화량

반복	1	2	3	4
1	1.543	1.987	1.847	2.612
2	.193	.215	.230	.350
3	.000	.084	.000	.148
4	.000	.000	.000	.000

a. 군집 중심값의 변화가 없거나 작아 수렴이 일어
났습니다. 모든 중심에 대한 최대 절대 좌표 변경
은 .000입니다. 현재 반복계산은 4입니다. 초기
중심 간의 최소 거리는 5.196입니다.

최종 군집중심

군집

	1	2	3	4
연공서열	4	1	3	2
종신고용	4	1	3	2
노동시간	2	3	3	3
근여수준	4	3	4	2
기업규모	4	1	3	2
자유재량	1	3	3	2
능력주의	2	3	3	3
귀속의식	4	1	3	2

각 군집의 케이스 수

군집	1	19.000
	2	46.000
	3	11.000
	4	24.000
유효		100.000
결측		.000

이 표는 네 개의 군집에 속하는 조사회답자의 사람 수이다.

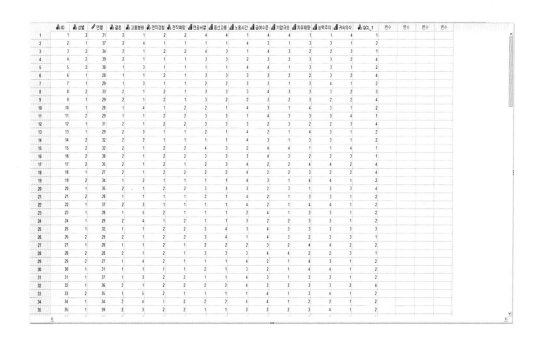

    QCL_1을 보면 각각의 조사회답자가 어느 군집에 속해 있는지 잘 알 수 있다. 조사회답자를 비슷한 사람끼리 군집으로 분류한 것이다.

3   조사회답자를 변수로 한 군집변수

    100명의 조사회답자를 변수로 해서 군집분석을 실시해 보자

    그러면 여덟 개의 질문항목을 몇 개의 그룹으로 분류할 수 있다. 케이스와 변수가 거꾸로 된다는 것이다.

Hint

    군집분석이란 동일한 성격을 가진 여러 개의 그룹을 대상으로 분류하는 것을 말한다. 여기서 나뉜 부분 집단을 군집이라 부른다. 유사한 성격을 가지는 몇 개의 군집으로 집단화한 후, 형성된 군집들의 특성을 파악하여 군집들 사이의 관계를 분석하고 데이터 전체의 구조에 대한 이해를 돕고자 하는 탐색적 분석 방법이다. 군집분석은 크게 계층적 군집화와 분할적 군집화로 나뉜다.

조사회답자를 변수로 하는 경우

《순서 1》 데이터의 입력

<표 7-1>의 데이터를 입력한다.

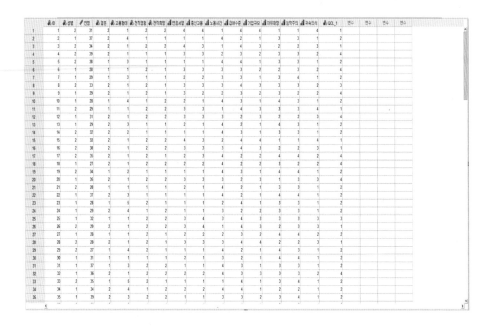

《순서 2》 메뉴에서 [분석] - [분류분석] - [계층적 군집]을 선택한다.

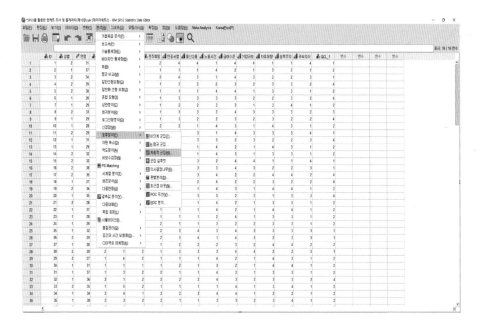

《순서 3》 다음 화면에서 여덟 개의 질문항목을 [변수]로 이동한다. [군집 기준]은 [변수]를 선택한다.

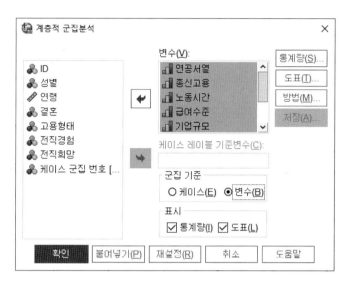

(주) 여기에서 [군집 기준]으로 [케이스]를 선택하면 조사회답자를 군집으로 분류한다.

《순서 4》 [도표]를 클릭하면 다음 화면이 나타난다.

[덴드로그램]을 체크하고, [고드름]에서는 [지정않음]을 선택한다. 필요하면 [전체 군집]이나 [군집 범위 지정]을 선택해도 무방하다. [계속]을 클릭한다.

《순서 5》 앞의 화면으로 되돌아오면 [확인]을 클릭한다.

🌀 분석결과(1)

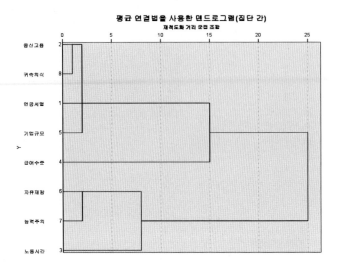

이 덴드로그램을 보면, 다음 네 개의 질문항목 {종신고용, 귀속의식, 연공서열, 기업규모}에 유사성이 있다는 것을 알 수 있다.

다음의 두 개의 질문항목 {자유재량, 능력주의}에도 유사성이 있는 듯하다.

이를테면 보수적 그룹과 혁신적 그룹으로 나뉘었다고 볼 수 있다.

🌀 분석결과(2)

참고로 [도표]의 [고드름]에서 [전체 군집]을 선택하면 아래와 같은 수직 방향의 고드름 도표를 얻을 수 있다.

수직 방향의 고드름 도표는 다음과 같다. 고드름 도표는 덴드로그램에 비해서 다소 이해하기 어렵다.

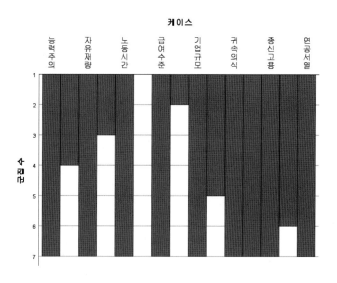

4 주성분점수를 변수로 하는 군집분석

제8장에서 구한 주성분점수를 이용해서 100명의 조사회답자를 네 개의 그룹으로 분류해 보자. 평면상에 분류 결과를 표현하고 싶을 때는 네 개의 군집이 좋다. 이 방법은 논문을 쓸 때 매우 유익하다.

> **Hint**
>
> 군집화(클러스터링)는 개체들이 주어졌을 때, 개체들을 몇 개의 클러스터(부분 그룹)로 나누는 과정을 의미한다. 이렇게 개체들을 그룹으로 나누는 과정을 통해서, 클러스터 내부 멤버들 사이는 서로 가깝거나 비슷하게, 서로 다른 두 클러스터 사이의 멤버 간에는 서로 멀거나 비슷하지 않게 하는 것이 클러스터링의 목표이다. 만약에 개체들을 거리 공간 안에 나타낼 수 있다면, 개체와 개체 사이에 거리(metric)를 정의할 수 있다. 예를 들어 개체들을 유클리드 공간 안에 나타낼 수 있다면, 유클리드 거리를 정의할 수 있다. 이러한 경우에 클러스터링의 목표는 같은 클러스터 내의 두 멤버들 사이의 거리를 최소화하고, 서로 다른 두 클러스터 사이의 멤버 간의 거리를 최대화하는 것으로 나타낼 수 있다.

주성분점수를 변수로 하는 경우

《순서 1》 데이터의 입력

<표 7-1>의 데이터를 입력한다.

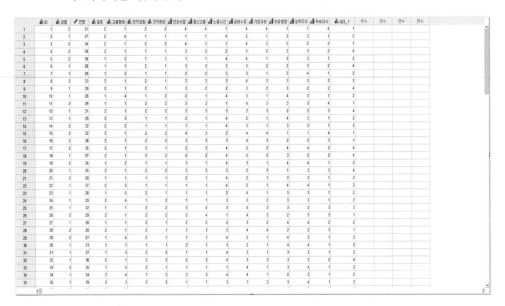

《순서 2》 메뉴에서 [분석] - [차원 축소] - [요인분석]을 선택한다.

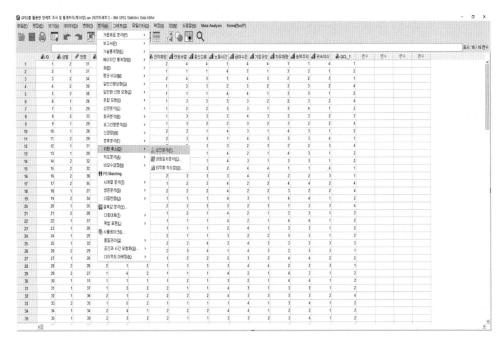

《순서 3》 여덟 개의 질문항목을 [변수]로 이동한다. [요인추출]을 클릭한다.

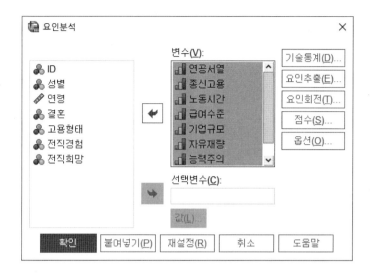

《순서 4》 [분석]에서 [공분산행렬]을 선택한다. [고정된 요인 수]에 2를 입력하고 [계속]을 클릭한다.

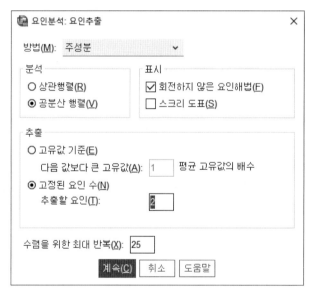

(주) '공분산행렬'은 '분산공분산행렬'을 의미한다.

《순서 5》 [점수]를 클릭한다. [변수로 저장]과 [요인점수 계수행렬 표시]에 체크한다. [계속]을
클릭한다.

《순서 6》 다음 화면에서 [확인]을 클릭한다.

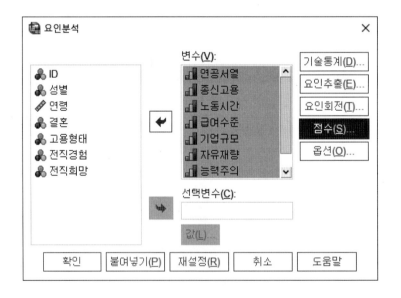

《순서 7》 분석결과의 확인

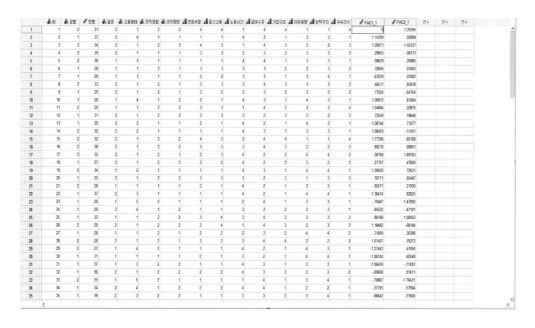

《순서 8》 군집분석 수법의 선택

메뉴에서 [분석] - [분류분석] - [K - 평균 군집]을 선택한다.

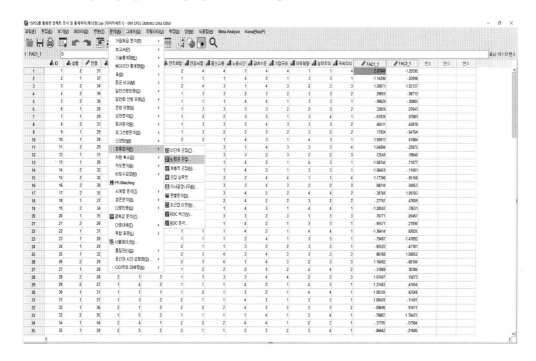

《순서 9》 변수의 선택

　FAC1_1과 FAC2_1, 즉 제1주성분 점수와 제2주성분 점수를 [변수]로 이동한다. [군집 수]에 4를 입력한다. [저장]을 클릭한다.

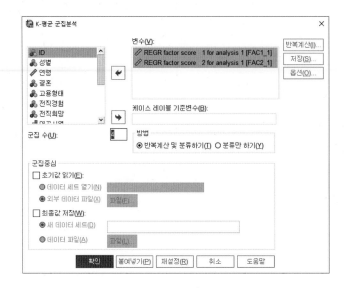

《순서 10》 다음 화면에서 [소속군집]에 체크하고 [계속]을 클릭한다.

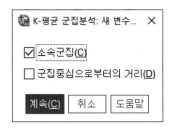

Hint

　K-평균 알고리즘은 처음에 클러스터의 개수 k를 정하고, 임의로 선택한 k개의 점을 이용해 초기의 클러스터 k개를 만들고, 클러스터를 계속 알맞게 변화시켜나가면서 클러스터링을 완료하는 방법이다. 초기에 k개의 점을 선택하는 방법으로는 완전히 랜덤하게 k개의 점을 선택하는 방법이 쉽게 생각할 수 있는 방법이다. 또는 처음에 한 점만 랜덤하게 선택하고, 두 번째 점부터는 이전에 선택한 점들로부터 가장 멀리 떨어진 점을 순차적으로 k-1개 선택해서 k개의 점을 선택하는 방법도 있다. 가장 멀리 떨어진 점들을 선택하는 경우, 랜덤하게 선택하는 것보다 점들이 실제로 다른 클러스터에 포함될 가능성이 높다는 장점이 있다.

《순서 11》다음 화면으로 되돌아오면 [확인]을 클릭한다.

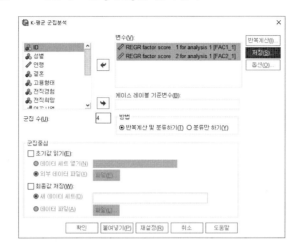

📄 분석결과(1)

군집중심초기값

	군집			
	1	2	3	4
REGR factor score 1 for analysis 1	1.98097	-1.36414	-.77747	1.11965
REGR factor score 2 for analysis 1	-.90620	.82025	-2.02003	3.17283

최종 군집중심

	군집			
	1	2	3	4
REGR factor score 1 for analysis 1	1.38430	-.63091	-.56214	.69727
REGR factor score 2 for analysis 1	-.41652	.34412	-1.13931	1.84365

각 군집의 케이스 수

군집	1	24.000
	2	45.000
	3	21.000
	4	10.000
유효		100.000
결측		.000

이 표는 네 개의 군집에 속하는 조사회답자의 수를 나타낸다.

분석결과(2)

	ID	성별	연령	결혼	고용형태	전직경험	전직희망	연봉서열	통신고용	노동시간	급여수준	기업규모	자유재량	능력주의	귀속의식	FAC1_1	FAC2_1	QCL_1	변수	변수
1	1	2	31	2	1	2	2	4	1	4	1	4	1	1	4	2.07048	-1.25595	1		
2	2	1	37	2	4	1	1	1	1	4	2	1	2	1	2	-1.14290	-.02098	2		
3	3	2	34	2	1	2	2	4	3	1	4	3	2	2	3	1.26071	-1.02127	1		
4	4	2	39	2	1	1	1	3	3	2	3	2	3	3	2	.29055	-.06713	2		
5	5	2	38	1	3	1	1	1	1	4	4	3	3	3	1	-.98629	-.20885	2		
6	6	1	28	1	1	2	1	3	3	3	2	2	2	3	2	.32656	.07643	2		
7	7	1	29	1	3	1	1	2	2	3	3	1	3	4	1	-.67039	.07083	2		
8	8	2	33	2	1	2	1	3	3	3	4	3	3	2	2	.46511	.65818	2		
9	9	1	29	1	1	3	2	2	4	3	2	3	2	2	2	.17924	-.64764	3		
10	10	1	28	1	4	1	2	2	1	4	3	1	4	3	1	-1.00913	.61684	2		
11	11	2	29	1	1	2	2	3	3	1	4	3	3	3	4	1.04804	-.22875	1		
12	12	1	31	2	1	2	2	3	3	3	2	3	2	2	3	.72549	.19640	1		
13	13	1	29	2	3	1	1	1	1	4	4	1	3	3	1	-1.08744	.71077	2		
14	14	2	32	2	2	1	1	4	4	3	1	3	4	3	4	-1.06459	-.11491	2		
15	15	2	32	1	1	2	2	4	4	3	4	4	1	1	4	1.77396	-.85168	1		
16	16	2	38	2	1	2	2	3	3	4	3	2	1	2	3	.88210	.00853	1		
17	17	2	35	2	1	2	3	2	2	2	2	2	2	1	2	-.38760	1.99783	2		
18	18	1	27	2	1	2	2	2	4	2	2	3	2	2	2	-.27767	.47609	2		
19	19	2	34	1	2	1	1	1	1	4	3	1	4	4	1	-1.28583	.72631	2		
20	20	1	35	2	1	2	2	3	3	3	4	2	1	3	3	.76771	.05467	1		
21	21	2	28	1	1	1	1	4	2	1	3	3	3	3		-.95571	.21930	2		
22	22	1	37	2	3	1	1	1	1	4	4	1	4	4	1	-1.36414	.82025	2		
23	23	2	28	1	5	2	1	1	2	4	4	1	3	3	1	-.79487	-1.47892	3		
24	24	1	29	2	4	1	2	1	1	3	4	1	3	3	1	-.86522	-.47181	3		
25	25	1	32	1	1	2	2	3	4	3	4	3	3	3	3	.86168	1.08052	4		
26	26	1	29	1	1	2	2	3	4	1	4	3	2	3	3	1.18482	-.68104	1		
27	27	1	28	1	1	2	1	2	2	2	3	2	4	4	2	-.31869	.30306	2		
28	28	2	28	1	1	2	1	3	3	3	4	4	2	2	3	1.07407	.19273	1		
29	29	2	27	1	1	1	2	1	1	3	4	1	3	3	1	-1.27463	.47050	2		
30	30	1	31	1	1	1	1	2	1	3	2	4	4	4	1	-1.08124	.42548	2		
31	31	1	37	1	1	1	1	4	4	3	1	3	4	3	4	-1.06459	-.11491	2		
32	32	1	36	2	1	2	2	3	4	3	3	3	2		-.09690	.91611	2			
33	33	2	35	1	5	2	1	1	1	4	4	1	3	4	1	-.78867	-1.76421	3		
34	34	1	34	2	4	1	2	2	2	4	4	1	2	2	1	-.37705	-.57904	3		
35	35	2	39	2	3	2	1	2	1	3	3	2	3	4	1	-.86642	-.21600	2		

QCL_1을 보면 100명의 조사회답자가 어느 군집에 속해 있는지 잘 알 수 있다. 그리고 이 군집을 산점도로 표현할 수도 있다.

군집분석을 사용해서 100명의 조사회답자를 네 개의 그룹으로 분류했다.

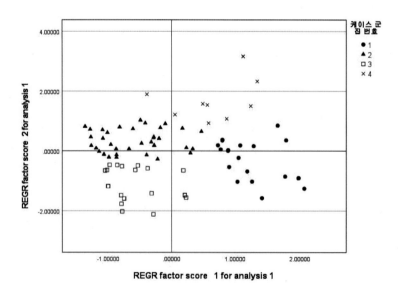

여기에서 알고 싶은 것은 다음의 두 가지 사항이다.

첫째, 네 개의 그룹 분류에 공헌한 것은 여덟 개의 질문항목 중 어느 항목일까?
둘째, 100명의 조사회답자가 네 개의 그룹으로 분류되었는데, 각 그룹에 있어서의 중요한
　　　질문항목은 어느 것일까?

항목 2.2 **귀하는 회사선택에 있어서 이하의 조건을 어느 정도 중시하십니까?**

	중시하지 않는다	별로 중시하지 않는다	약간 중시한다	중시한다	
(1) 근속년수에 따라 확실히 연봉이 오를 것	1	2	3	4	(연공서열)
(2) 종신고용제도가 보증되어 있을 것	1	2	3	4	(종신고용)
(3) 노동시간이 짧을 것	1	2	3	4	(노동시간)
(4) 급여수준이 높을 것	1	2	3	4	(급여수준)
(5) 어느 정도의 규모 있는 기업일 것	1	2	3	4	(기업규모)
(6) 일의 계획이나 예정을 자신이 정할 것	1	2	3	4	(자유재량)
(7) 자신의 능력을 살릴 수 있을 것	1	2	3	4	(능력주의)
(8) 회사에 일체감을 느낄 것	1	2	3	4	(귀속의식)

이와 같은 때는 판별분석을 실시한다. 판별분석의 사용방법에 대해서는 다음과 같은 방법이
있다.

| 방법 1| 판별분석을 하면,
　　　　• 판별에 영향력이 있는 질문항목
　　　　• 판별에 기여하고 있는 질문항목
　　　을 발견할 수 있다.
| 방법 2| 각 그룹의 평균치를 보면서,
　　　　• 그룹에서 중요한 질문항목
　　　을 탐색할 수 있다.

| 방법 3 | Fisher의 분류함수계수도,
  ・ 중요한 질문항목의 발견
  에 도움이 되는 경우가 있다.

판별분석(discriminant analysis)은 어떤 관측대상이 소속하는 그룹을 예측하기 위한 수법이다. 그룹의 예측이란, 예를 들면 양품 그룹과 불량품 그룹, 구입자 그룹과 비구입자 그룹 어느 쪽에 속하는가를 예측하는 것이다. 이와 같은 예측을 판별이라 하고, 그룹의 수가 둘인 경우를 2군의 판별, 그룹의 수가 셋 이상의 경우를 다군(多群)의 판별이라고 한다.

k개($k \geq 2$)의 그룹이 존재하고 있고, 어느 그룹에 속하는지 알고 있는 관측대상에 대해 몇 개의 데이터가 수집되어 있다고 한다. 이때에 어느 그룹에 속하는지 불분명한 대상이 얻어졌을 경우, 이미 수집되어 있는 데이터에 의거해서 그 대상이 소속하는 그룹을 예측하는 것이 판별분석이다.

판별과 분류는 비슷한 개념이지만 별개의 문제이다. 관측되어 있는 데이터에 의거해서 대상을 몇 개의 그룹으로 나누는 것이 분류이다. 분류의 경우에 대상이 몇 개의 그룹으로 나누어지는가는 데이터를 보기 전까지는 불분명하다. 이에 비해서 존재하는 그룹의 수를 알고 있고 새로운 대상이 그 중의 어느 그룹에 속하는지를 결정하는 것이 판별이다. 전술한 바와 같이 분류의 문제에 이용되는 수법에 군집분석(cluster analysis)이 있다.

이분형 로지스틱 회귀분석도 판별분석으로써 이용할 수 있다. 그리고 질문항목의 중요도를 조사하는 방법에 컨조인트 분석이 있다.

| 5 | **판별분석의 실제**

군집분석에 의해서 얻어진 네 개의 그룹에 대해서 판별분석을 실시해 보자.

🌀 **SPSS의 순서**

《순서 1》 앞에서 실시한 군집분석의 결과 얻어진 데이터를 준비한다.

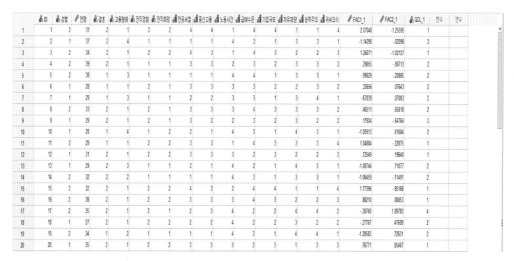

(주) FAC1_1은 제1주성분 점수, FAC2_1은 제2주성분 점수, QCL_1은 각 케이스가 소속하는 군집의 번호를 가리킨다.

《순서 2》 분석수법의 선택

메뉴에서 [분석] - [분류분석] - [판별분석]을 선택한다.

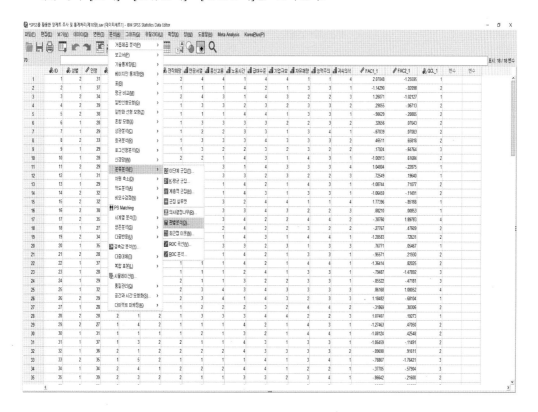

《순서 3》 변수의 선택

(1) 케이스의 군집 수(QCL_1)를 [집단변수]로 이동한다.

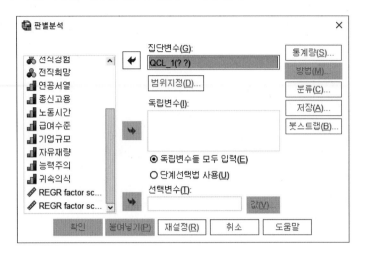

(2) [범위지정]을 클릭하고 다음과 같이 입력한다. [계속]을 클릭한다.

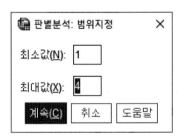

(3) 그러면 [집단변수]에 입력된 변수가 다음과 같이 되어 있다.

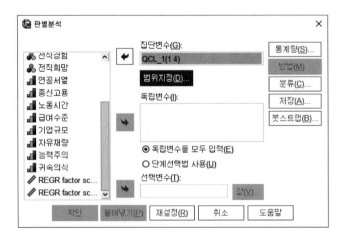

(4) 다음에 여덟 개의 질문항목을 [독립변수]로 이동한다.

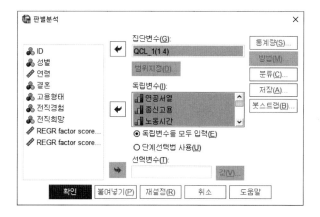

《순서 4》 통계량의 선택

이번에는 [통계량]을 클릭한다. [함수의 계수]에서 [비표준화]를 체크한다. [계속]을 클릭한다.

《순서 5》 저장의 선택

앞의 화면으로 되돌아가면 이번에는 [저장]을 클릭한다. [판별점수]를 체크하고 [계속]을 클릭한다.

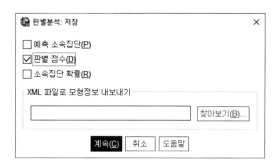

《순서 6》분류의 선택

앞의 화면으로 되돌아가면 이번에는 [분류]를 클릭한다. [도표]의 [결합 - 집단]을 체크하고 [계속]을 클릭한다.

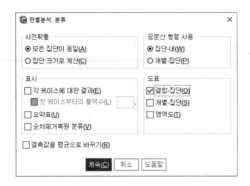

《순서 7》판별분석의 실행

앞의 화면으로 되돌아가면 [확인]을 클릭한다.

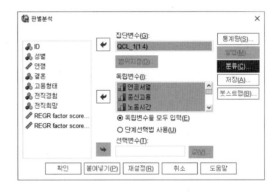

분석결과(1)

표준화 정준 판별함수 계수

	함수		
	1	2	3
연공서열	.180	.152	-.284
종신고용	.163	.543	.075
노동시간	.000	.933	-.068
근여수준	.052	.011	.956
기업규모	.430	.130	.326
자유재량	.195	.465	.389
능력주의	-.119	.747	-.139
귀속의식	.555	-.059	-.291

표준화된 판별함수의 계수의 절대값이 큰 변수가 판별에 기여하고 있는 변수이다.

판별함수의 개수는 (그룹의 수 - 1)이 된다.

함수1의 계수를 보면, 플러스의 계수에서는 {기업규모 자유재량 귀속의식}의 질문항목이 큰 것을 알 수 있다. 마이너스의 계수에서는 {능력주의}의 질문항목이 큰 것 같다.

고유값은 각각의 함수가 갖고 있는 정보량을 나타내고 있다.

고유값

함수	고유값	분산의 %	누적 %	정준 상관
1	3.711[a]	55.9	55.9	.888
2	2.829[a]	42.6	98.5	.860
3	.100[a]	1.5	100.0	.301

a. 첫 번째 3 정준 판별함수가 분석에 사용되었습니다.

분석결과(2)

정준 판별함수 계수

	함수		
	1	2	3
연공서열	.265	.224	-.419
종신고용	.245	.814	.112
노동시간	.000	1.233	-.089
근여수준	.065	.014	1.181
기업규모	.668	.202	.506
자유재량	.270	.645	.540
능력주의	-.183	1.143	-.213
귀속의식	.919	-.098	-.482
(상수)	-4.905	-11.177	-3.636

비표준화 계수

이 판별함수는 표준화되어 있지 않은 판별함수이다.

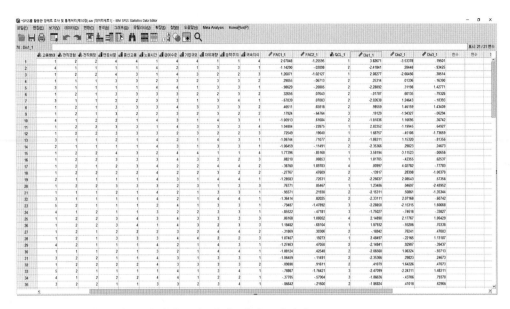

표준화되어 있지 않은 판별함수의 값이 판별득점이다.

- Dis1_1 : 판별함수1의 판별득점
- Dis2_1 : 판별함수2의 판별득점
- Dis3_1 : 판별함수3의 판별득점

🔄 분석결과(3)

판별함수1의 판별득점과 판별함수2의 판별득점 간의 그래프는 다음과 같다.

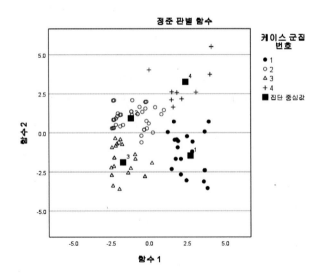

이 산점도와 군집분석의 산점도는 매우 비슷하다.

이 산점도의 가로축은 판별함수1의 판별득점, 세로축은 판별함수2의 판별득점이다.

6 그룹마다의 중요항목 탐색

🌙 **SPSS의 순서**

《순서 1》 10.5절 순서 3의 (4)에서 [통계량]을 클릭한다.

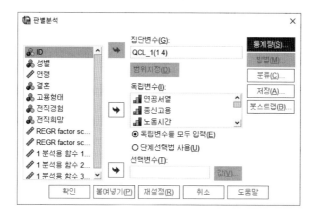

《순서 2》 **통계량의 선택**

다음 화면에서 [기술통계]의 [평균]을 체크한다. [함수의 계수]에서 [Fisher의 방법]을 체크하고 [계속]을 클릭한다.

《순서 3》판별분석의 실행

다음 화면으로 되돌아오면 [확인]을 클릭한다.

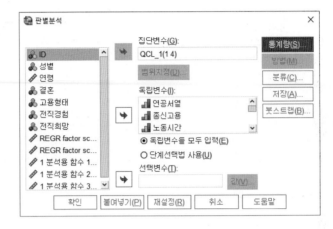

분석결과(1)

질문항목의 회답은 다음과 같이 되어 있다.

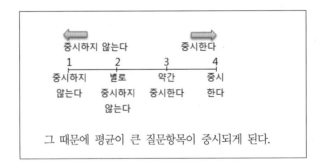

그 때문에 평균이 큰 질문항목이 중시되게 된다.

집단통계량

케이스 군집 번호		평균	표준편차	유효 N(목록별)	
				가중되지 않음	가중됨
1	연공서열	3.50	.590	24	24.000
	종신고용	3.50	.511	24	24.000
	노동시간	1.88	.900	24	24.000
	급여수준	3.46	.977	24	24.000
	기업규모	3.58	.504	24	24.000
	자유재량	1.63	.711	24	24.000
	능력주의	2.00	.590	24	24.000
	귀속의식	3.42	.654	24	24.000

2	연공서열	1.73	.618	45	45.000
	종신고용	1.67	.798	45	45.000
	노등시간	3.42	.583	45	45.000
	급여수준	2.60	.688	45	45.000
	기업규모	1.62	.684	45	45.000
	자유재량	3.29	.695	45	45.000
	능력주의	3.33	.640	45	45.000
	귀속의식	1.44	.624	45	45.000
3	연공서열	1.43	.811	21	21.000
	종신고용	1.29	.463	21	21.000
	노등시간	2.38	.973	21	21.000
	급여수준	3.10	.889	21	21.000
	기업규모	1.48	.602	21	21.000
	자유재량	2.67	.856	21	21.000
	능력주의	2.67	.796	21	21.000
	귀속의식	1.19	.402	21	21.000
4	연공서열	3.30	.823	10	10.000
	종신고용	3.40	.699	10	10.000
	노등시간	3.60	.516	10	10.000
	급여수준	3.60	.699	10	10.000
	기업규모	3.30	.823	10	10.000
	자유재량	3.40	.516	10	10.000
	능력주의	3.40	.516	10	10.000
	귀속의식	3.10	.738	10	10.000
전체	연공서열	2.25	1.095	100	100.000
	종신고용	2.20	1.137	100	100.000
	노등시간	2.85	1.019	100	100.000
	급여수준	3.01	.893	100	100.000
	기업규모	2.23	1.118	100	100.000
	자유재량	2.77	.993	100	100.000
	능력주의	2.88	.856	100	100.000
	귀속의식	2.03	1.114	100	100.000

평균으로 보는 군집번호1의 중요항목

여덟 개의 질문항목 중, 평균이 전체의 평균보다 큰 질문항목은 {연공서열 종신고용 급여수준 기업규모 귀속의식}으로 되어 있다. 이 다섯 개의 질문항목이 군집번호1의 중요항목이다. 따라서 군집번호1에서는 생활의 안정을 바라고 있다는 것을 알 수 있다.

평균으로 보는 군집번호2의 중요항목

여덟 개의 질문항목 중, 평균이 전체의 평균보다 큰 질문항목은 {노동시간 자유재량 능력주의}로 되어 있다. 이 세 개의 질문항목이 군집번호2의 중요항목이다.

평균으로 보는 군집번호3의 중요항목

여덟 개의 질문항목 중, 평균이 전체의 평균보다 큰 질문항목은 [급여수준]뿐이다.

평균으로 보는 군집번호4의 중요항목

이 군집에서는 모든 질문항목의 평균이 전체의 평균보다 큰 값으로 되어 있다. 모든 질문항목이 중요하다고 하는 것은 군집번호4의 사람들은 의욕적이라고 하는 것을 알 수 있다.

🌀 분석결과(2)

분류 함수 계수

	케이스 군집 번호			
	1	2	3	4
연공서열	3.895	3.421	2.391	4.550
종신고용	8.157	9.154	6.799	12.004
노동시간	12.247	15.211	11.676	17.997
급여수준	5.427	5.154	5.811	6.362
기업규모	9.750	7.614	7.010	10.868
자유재량	7.686	8.158	6.532	11.047
능력주의	11.473	14.936	11.674	16.765
귀속의식	3.993	.207	-.291	2.868
(상수)	-85.352	-89.341	-59.635	-142.805

Fisher의 선형 판별함수

이것이 Fisher의 분류함수이다.

분류함수에 의한 군집번호1의 중요항목

네 개의 분류함수 중에서 군집번호1의 계수가 큰 질문항목은 {연공서열 기업규모 귀속의식}이므로, 이 세 개의 질문항목이 중요항목이다. 따라서 군집번호1은 생활의 안정을 바라고 있는 것 같다.

분류함수에 의한 군집번호2의 중요항목

네 개의 분류함수 중에서 군집번호2의 계수가 큰 질문항목은 {종신고용 노동시간 자유재량 능력주의}이므로, 이 네 개의 질문항목이 중요항목이다. 따라서 군집번호2는 업무의 충실에 흥미가 있는 것 같다.

분류함수에 의한 군집번호3의 중요항목

네 개의 분류함수 중에서 군집번호3의 계수가 큰 질문항목은 {급여수준}뿐이다.

분류함수에 의한 군집번호4의 중요항목

네 개의 분류함수 중에서 군집번호4의 계수가 큰 질문항목은 거의 대부분이다. 군집번호4에는 적극성이라고 하는 것이 느껴진다.

Hint

판별분석의 판별방법

판별분석에는 선형판별함수에 의한 판별방법과 마하라노비스의 거리에 의한 판별방법의 두 종류가 있다. 이 두 가지 방법의 차이는 그룹 간의 경계선을 넣는 방식에 있다.

선형판별함수에 의한 경계선은 직선이지만, 마하라노비스의 거리에 의한 경계선은 그룹 간의 분류가 가능한 한 잘 되도록 곡선으로 한다.

Hint

마하라노비스의 거리

마하라노비스의 거리는 군집분석이나 판별분석에서 가장 많이 사용되는 거리개념으로서, 두 지점의 단순한 거리뿐만이 아니라, 변수의 특성을 나타내는 표준편차와 상관계수가 함께 고려된다는 특징을 가지고 있다.

군집분석을 실시하는 대부분 경우, 군집분석을 실시하기 전에 모든 변수들을 평균이 0이고 분산이 1의 변환된 변수로 표준화시킨다. 마하라노비스의 거리는 변수들 사이의 표준편차와 상관관계를 고려하여 만들어진 거리로서, 만일 모든 변수가 표준화되어 있고 모든 변수들이 서로 독립적인 관계를 가지고 있다면, 마하라노비스의 거리는 유클리디안 거리와 일치하게 된다.

복수의 단일회답에
대한 분석(Ⅰ)
– 요인분석과 신뢰도분석

Chapter 11
복수의 단일회답에 대한 분석(Ⅰ)
– 요인분석과 신뢰도분석

1 설문지 예

문. 귀하의 성별을 선택해 주십시오.
  1. 남성   2. 여성

문. 귀하의 연령을 기입해 주십시오.
  만 (   )세

문. 귀하의 업무는 크게 나누어서 다음 중 어느 것에 해당합니까?
  1. 정규고용   2. 비정규고용   3. 자영업

문. 귀하의 작년 1년간 수입은 세금·사회보험료 포함하여 몇 십만 원 정도였습니까(임시수입·부수입을 포함한다). 금액을 기입해 주십시오.
  약 (   )십만 원

문. 귀하는 현재 양친과 동거하고 계십니까?
  1. 부모 양쪽과 동거
  2. 부모 어느 한쪽과 동거
  3. 동거하고 있지 않다

문1. 귀하의 결혼에 대한 생각을 다음 중에서 골라 주십시오.
  1. 가능한 한 빨리 결혼하고 싶다
  2. 곧 결혼하고 싶다
  3. 결혼하고 싶다고는 생각하지 않는다

문2. 귀하는 결혼에 대해서 다음과 같은 이미지를 갖고 계십니까? 각각에 대해서 적합한 것에
○표를 해 주십시오.

	그렇게 생각하지 않는다	별로 그렇게 생각하지 않는다	약간 그렇게 생각한다	그렇게 생각한다
1. 적적함에서 해방된다	1	2	3	4
2. 한 사람보다 두 사람이 살아가는 편이 안심 이다	1	2	3	4
3. 좋아하는 사람과 함께 있을 수 있다	1	2	3	4
4. 자신이 살 장소가 정해진다	1	2	3	4
5. 부모로부터 독립할 수 있다	1	2	3	4
6. 자녀를 가질 수 있다	1	2	3	4
7. 인생에 목적을 가질 수 있다	1	2	3	4
8. 가족을 가짐으로써 자신이 성장할 수 있다	1	2	3	4
9. 주위의 친구와 같은 삶의 방식이 가능하다	1	2	3	4
10. 결혼함으로써 한 사람 몫의 어른으로 인정 받는다	1	2	3	4
11. 부모의 기대에 응할 수 있다	1	2		4
12. 세대를 이을 수 있다	1	2	3	4
13. 경제적으로 편안해진다	1	2	3	4
14. 가사가 편안해진다	1	2	3	4
15. 병이 날 때 등 마음 든든하다	1	2	3	4
16. 노후에 서로 도와 갈 수 있다	1	2	3	4
17. 하고 싶은 것을 충분히 할 수 있게 된다	1	2	3	4
18. 자신의 일을 할 수 없게 된다	1	2	3	4
19. 자유롭게 쓸 수 있는 돈이 줄어든다	1	2	3	4
20. 지금의 수입으로는 생활이 가난해진다	1	2	3	4
21. 자신의 생활패턴을 바꾸지 않으면 안 된다	1	2	3	4
22. 자신만의 시간을 가질 수 없게 된다	1	2	3	4
23. 새로운 연애를 할 기회를 잃는다	1	2	3	4
24. 더 좋은 상대와 만날 기회를 잃는다	1	2	3	4
25. 모험적인 삶의 방식이 불가능해진다	1	2	3	4
26. 지금까지와 같은 친구 교제를 유지할 수 없 게 된다	1	2	3	4
27. 지금까지와 같은 부모자식관계를 유지할 수 없게 된다	1	2	3	4
28. 사는 곳의 자유를 잃는다	1	2	3	4

문3. 귀하는 다음과 같은 생각을 갖고 계십니까? 각각에 대해서 적합한 것에 ○표를 해 주십시오.

	그렇게 생각하지 않는다	별로 그렇게 생각하지 않는다	약간 그렇게 생각한다	그렇게 생각한다
1. 일생 독신으로 살고 싶지 않다	1	2	3	4
2. 애인과 함께 산다면 결혼하고 싶다	1	2	3	4
3. 결혼 전에라도 애정이 있다면 성관계를 갖고 싶다	1	2	3	4
4. 여자다움/남자다움이 중요하다	1	2	3	4
5. 결혼 후는 남편이 밖에서 일하고, 아내가 가정을 지켜야 한다	1	2	3	4
6. 적어도 자녀가 작을 때는 어머니가 일을 갖지 않고 집에 있어야 한다	1	2	3	4

문4. 귀하는 다음의 항목이 사회 일반적으로 보아서 대체로 어느 정도 위치하는 상대와 결혼하고 싶다고 생각하십니까? 각각에 대해서 적합한 것에 ○표를 해 주십시오.

	하	중하	중	중상	상
1. 얼굴 모양과 몸매	1	2	3	4	5
2. 커뮤니케이션 능력	1	2	3	4	5
3. 경제력	1	2	3	4	5

문5. 귀하는 결혼을 향해서 다음과 같은 활동을 한 적이 있습니까? (복수회답 가능)

a. 친구 등에게 이성의 소개를 의뢰	g. 부모, 친척, 상사에게 소개를 의뢰
b. 미팅 활동이나 술자리에 참가	h. 맞선
c. 단체 미팅에 참가	i. 인터넷의 결혼활동 사이트를 이용
d. 결혼활동 파티에 참가	j. 결혼상담소나 결혼소개 서비스를 이용
e. 매력을 높이기 위해서 멋을 부렸다	k. 기타
f. 독신의 이성이 많은 곳에 갔다	l. 활동을 한 적이 없다

문6. 귀하는 작년 1년간 어느 정도 결혼활동을 하셨습니까? 대강의 횟수를 기입해 주십시오.

약 (   )회

문7. 귀하는 현재 교제하고 있는 이성이 있습니까?

1. 있다   2. 없다

문8. 귀하는 지금까지 몇 명의 이성과 교제해 왔습니까? 사람 수를 기입해 주십시오.

( )명

문9. 귀하가 마지막으로 다니신 학교는 다음 중 어느 것에 해당됩니까? 현재 학생인 분은 재적 중인 학교에 대해서 대답해 주십시오.

1. 중학교	2. 고교	3. 전문학교
4. 전문대학	5. 대학교	6. 대학원
7. 기타		

회답형식

1) 단일 회답

선택지를 하나만 선택할 수 있는 회답형식이다. 단수회답이라고도 한다. 영어로는 SA (single answer)라고 표기하기도 한다. 선택지가 두 개일 때와 그렇지 않을 때는 적용할 수 있는 분석방법이 다르다. 또한 선택지에 대소 순서관계를 상정할 수 있을 때도 분석방법이 달라진다. 앙케트에서는 문2나 문3과 같은 리커트(Likert) 척도가 자주 이용된다. 이것은 태도·행동을 몇 단계의 정도로 측정하는 회답항목이다.

| 예 | 성별, 고용, 문1, 문2 등.

2) 다중 회답

선택지를 복수 선택할 수 있는 회답형식이다. 복수회답이라고도 한다. 영어로는 MA (multiple answer)라고 표기하기도 한다. 선택할 수 있는 개수를 제한하는 경우와 제한하지 않는 경우가 있는데, 분석방법은 원칙적으로 같다.

| 예 | 문5.

3) 자유기술회답

문자를 직접 기입하는 회답형식이다. 이 책에서는 그 중에서 숫자만을 기입하는 형식을 수치회답이라고 부르고 있다.

> |예| 연령, 연수입, 문6, 문8.

숫자만이 아니라 말이나 글을 기입하는 형식은, 그대로는 통계분석에 적합하지 않다. 단, 조사를 끝내고 나서 사후적으로 코딩하여 단일 회답이나 다중 회답으로서 다루는 경우가 있다.

(주) 사전에 코드가 정해지는 프리 코딩에 대해서 사후에 코드가 정해지는 것은 애프터 코딩이라고 한다.

2 질문항목

문2. 귀하는 결혼에 대해서 다음과 같은 이미지를 갖고 계십니까? 각각에 대해서 적합한 것에 ○표를 해 주십시오.

	그렇게 생각하지 않는다	별로 그렇게 생각하지 않는다	약간 그렇게 생각한다	그렇게 생각한다
1. 적적함에서 해방된다	1	2	3	4
2. 한 사람보다 두 사람이 살아가는 편이 안심이다	1	2	3	4
3. 좋아하는 사람과 함께 있을 수 있다	1	2	3	4
4. 자신이 살 장소가 정해진다	1	2	3	4
5. 부모로부터 독립할 수 있다	1	2	3	4
6. 자녀를 가질 수 있다	1	2	3	4
7. 인생에 목적을 가질 수 있다	1	2	3	4
8. 가족을 가짐으로써 자신이 성장할 수 있다	1	2	3	4

	그렇게 생각하지 않는다	별로 그렇게 생각하지 않는다	약간 그렇게 생각한다	그렇게 생각한다
9. 주위의 친구와 같은 삶의 방식이 가능하다	1	2	3	4
10. 결혼함으로써 한 사람 몫의 어른으로 인정 받는다	1	2	3	4
11. 부모의 기대에 응할 수 있다	1	2	3	4
12. 세대를 이을 수 있다	1	2	3	4
13. 경제적으로 편안해진다	1	2	3	4
14. 가사가 편안해진다	1	2	3	4
15. 병이 날 때 등 마음 든든하다	1	2	3	4
16. 노후에 서로 도와 갈 수 있다	1	2	3	4
17. 하고 싶은 것을 충분히 할 수 있게 된다	1	2	3	4
18. 자신의 일을 할 수 없게 된다	1	2	3	4
19. 자유롭게 쓸 수 있는 돈이 줄어든다	1	2	3	4
20. 지금의 수입으로는 생활이 가난해진다	1	2	3	4
21. 자신의 생활패턴을 바꾸지 않으면 안 된다	1	2	3	4
22. 자신만의 시간을 가질 수 없게 된다	1	2	3	4
23. 새로운 연애를 할 기회를 잃는다	1	2	3	4
24. 더 좋은 상대와 만날 기회를 잃는다	1	2	3	4
25. 모험적인 삶의 방식이 불가능해진다	1	2	3	4
26. 지금까지와 같은 친구 교제를 유지할 수 없 게 된다	1	2	3	4
27. 지금까지와 같은 부모자식관계를 유지할 수 없게 된다	1	2	3	4
28. 사는 곳의 자유를 잃는다	1	2	3	4

• 결혼에 대한 사고방식을 좌우하는, 결혼에 대해서 느끼고 있는 기능이나 장점은 어떠한 것이 있을까?

• 결혼에 대해서 느끼고 있는 기능에 의해서, 결혼에 대한 사고방식은 어떻게 분류될 수 있을까?

• 그러한 분류마다 결혼에 대한 사고방식의 회답 값을 합산해도 좋을까?

| 표 11-1 | 수치회답의 분석수법

	특징 파악	관계 파악 질적	양적	설명	정리(통합)
이산	기술통계량	t검정 분산분석	상관계수	포아송 회귀분석	대응분석
연속				회귀분석	요인분석

요인분석은 양적 데이터에 대해서 이용하는 수법인데, 수치회답 이외에도 리커트 척도의 설문 등, 양적 데이터로 간주할 수 있는 복수의 단일회답에 대해서도 이용할 수 있다.

| 표 11-2 | 단일회답의 분석수법

선택지	변수 타입	특징 파악	관계 파악 질적	양적	설명	정리(통합)
두 개	2가	단순집계 크로스 집계	독립성검정 관련계수	t검정	로지스틱 회귀분석	대응분석
세 개 이상 (순서성 없음)	명목			분산분석		
	순서					
세 개 이상 (순서성 있음)	양적	기술통계량	t검정 분산분석	상관계수	회귀분석	요인분석

양적 데이터로 간주할 수 있는 복수의 단일회답에 대해서, 그들 공통의 잠재적 요인을 발견한다거나 공통의 잠재적 요인을 갖는 질문항목의 그룹을 발견하는 데는 요인분석을 이용한다.

또한 그와 같이 그룹으로 나누어진 질문항목을 합산해서 척도를 만들 때에, 그 타당성을 체크하는 것이 신뢰성분석이다.

3   기본 개념

요인분석은 복수의 관측변수 사이의 상관에 착안하여, 그것들을 설명하는 잠재적 요인(조사에서 직접 측정되지 않는 것 : 타원으로 둘러싸인 변수)을 추출하는 수법이다.

많은 관측변수를 투입하면 종종 복수의 요인이 추출되는데, 어떤 관측변수 군은 요인1과 관계가 깊고, 다른 관측변수 군은 요인2와 관계가 깊다고 하는 구조가 발견되는 경우가 있다. 실무적으로는 이와 같이 공통의 요인을 갖는 관측변수의 그룹을 한데 모으는 데에 요인분석을 이용하는 경우가 많다.

그림 11-1은 관측변수로서 네 개의 '결혼에 대한 사고방식' 항목을 투입하여, 거기에서 결혼의 어떠한 기능을 인식하고 있는가 하는 요인이 두 개 추출된 예이다. 결혼에 대한 사고방식1과 3은 장점 인식 요인1과 관계가 강한 관측변수 군이며, 결혼에 대한 사고방식2와 4는 장점 인식 요인2와 관계가 강한 관측변수 군이라고 할 수 있다.

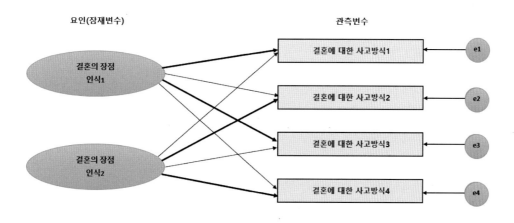

| 그림 11-1 | 요인구조의 예(굵은 화살표는 관계가 강한 것)

각 요인과 관측변수 사이에는 관계가 강한 것과 약한 것이 있을 수 있다. 어떤 관측변수를 복수의 관측변수에 영향을 미치고 있는 요인[1]과, 그 관측변수에만 영향을 미치는 고유의 잠재변수인 독자요인과로 요인분해하는 식을 세워서 계산했을 때, 공통요인에 곱해지는 가중치가 관계의 강도이다[2].

개개의 케이스는 관측변수에 대해서 각각의 회답 값을 갖고 있는데, 그것은 각 케이스가 갖고 있는 각 요인의 스코어(요인점수)[3]에 가중치를 곱한 가중점수라고 생각한다.

---

1) 공통요인이라고도 한다.
2) 이 가중치를 요인부하량 또는 요인 패턴이라고 한다.
3) 모두 표준화(평균 0, 표준편차 1)되어 있다.

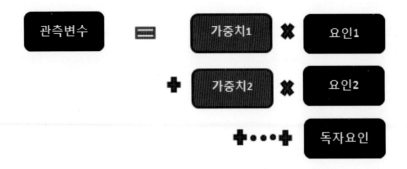

| 그림 11-2 | 요인분석에 대한 요인분해의 이미지

1) 요인의 설명력

어떤 관측변수의 값에 대한 산포 전체를 1이라고 했을 때, 요인의 조(組)가 설명하고 있는 비율을 공통성이라고 한다. 또한 1에서 공통성을 뺀 나머지의 비율을 독자성이라 부르고, 독자요인이 설명하고 있는 부분을 표시한다.

다음에 전체 측정변수의 산포에 관해서 각각의 요인이 설명하고 있는 양을 요인기여라고 한다. 그리고 모든 요인이 설명하는 관측변수의 분산 중에서 각 요인이 설명하고 있는 비율이 기여율이다.

2) 관측변수의 결정

요인분석 실행의 단계에서는 처음에 분석목적에 따라서 투입할 변수를 정하는데, 다음과 같은 조건이 있다.

① **양적 변수일 것** : 수치회답 외에 리커트 척도로서 얻은 태도 항목 등도 양적 변수로 생각해서 투입할 수 있다.

② **정규분포로부터 현저히 떨어져 있지 않을 것** : 정규분포하고 있다고 생각하는 경우에도 분포가 변역(變域)의 양쪽 끝에 현저히 치우쳐 있으면, 요인의 추출법에 따라서는 불안정한 결과가 되는 수가 있다.

③ **공통요인에 의해서 설명하는 의의가 있을 것** : 예를 들면 연령을 관측변수로서 투입하는 것은, 계산은 가능하지만 의미를 생각하면 부적절한 일이 된다.

④ **변수끼리의 관계가 직선적일 것** : 요인을 추출할 때의 정보는 상관계수행렬이다. 필요에 따라서 사전에 변수변환 등을 해 놓는다.

⑤ **결측값 처리를 적절히 처리해 놓는다** : 결측값이 데이터의 수치로서 인식되어 버리면 계산상 바람직하지 않다.

⑥ **값의 대소 방향을 일치시킨다** : 리커트 척도를 이용하는 경우, 관측변수 값의 대소를 모두 일치시키면, 부하량으로부터 요인의 의미를 해석하기 쉬워진다.

3) 추출할 요인의 수 결정

요인의 수가 너무 적으면 요인의 의미가 확실해지지 않게 되지만, 너무 많아도 각각의 의미를 파악하기 어려워진다. 추출할 요인 수를 정하는 기준에는 다음과 같은 방법이 있다.

① **최소의 고유값을 지정한다** : 설명력이 없는 요인을 추출해도 할 수 없으므로, 회전 전의 요인이 갖는 설명력인 고유값의 최소치를 지정한다. 대부분의 경우에 1을 지정한다[4].

② **스크리 도표를 보고 정한다** : 고유값은 제1요인이 가장 크고, 이후는 순차적으로 작아진다. 요인을 가로축, 고유값을 세로축으로 해서 꺾은선 그래프(스크리 도표)를 그리면, 처음은 크게 강하하고(내려가고) 서서히 느슨한 커브로 강하한다. 완만한 커브로 되는 요인으로부터는 채택하지 않는다고 하는 기준이다.

③ **요인의 수를 고정한다** : 요인의 수에 대해서 선험적인 근거가 있는 경우, 혹은 앞의 두 가지 기준으로는 많은 요인이 생겨서 해석에 한계가 있는 경우에 이 방법을 이용한다[5].

4) 요인의 추출방법 결정

이전에는 주축요인추출법이 자주 쓰였지만, 최근에는 최대우도법이나 일반화 최소제곱법이 더 우수하다고 하여 논문 등에서 쓰이는 일이 많아지고 있다[6]. 최대우도법은 관측변수의 정규성을 전제로 하고 있지만, 일반화 최소제곱법은 이 점에 대해서 최대우도법보다 완건(頑健)하다[7].

---

4) Guttman-Kaiser 기준이라고 한다.
5) 요인분석에서 스크리 도표로부터 채택해야 할 개수를 판단했을 때는, 그 개수를 이 방법으로 지정해서 다시 한 번 요인분석을 실시한다.
6) 단 이것들은 표본 크기가 작은 경우 등 잘 계산되지 않는 경우가 있으므로, 그 경우는 주축 요인추출법을 사용한다.
7) 요인분석을 실행하는 경우, SPSS에서의 추출방법에 '주성분'을 선택하는 이유는 없다.

5) 요인축의 회전방법 결정

요인분석에서는 요인부하량으로 관측변수를 산점도에 플롯했을 때에 좌표축이 되는 요인의 축을, 원점을 중심으로 해서 회전시킨다. 이때, 관측변수가 축에 가까이 배치되도록 회전시킨다. 축을 회전시켜 어떤 관측변수가 하나의 요인과 관계가 강해지는 상태(**단순구조**)에 근접하면, 각 요인이 어떠한 의미를 갖는지 해석하기 쉬워진다.

요인부하량을 바라보아도 요인이 무엇을 표현하고 있는지 이해하기 어려울 때, 요인의 축을 회전시켜 보게 된다. 정확하게 표현하면 축의 회전이 아니라 좌표의 변환이다.

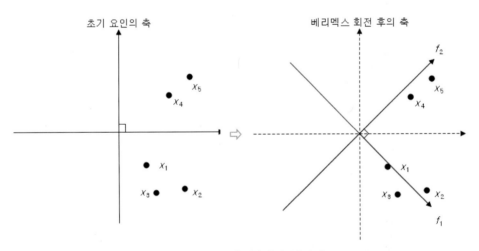

| 그림 11-3 | **축 회전의 이미지**

요인축의 회전 방법으로서 직각회전과 사각회전이 있다. 전자는 요인축끼리의 직각을 유지한 채 회전하는 것이고, 후자는 그와 같은 제약을 벗어나서 요인 간의 상관을 허용하는 회전방법이다.

직각회전에는 베리멕스 회전과 같이 원리를 이해하기 쉽고 오래전부터 쓰이고 있는 방법이 있지만, 최근에는 축의 배치가 자유롭게 단순구조를 얻기 쉽고, 더 나아가서는 요인의 해석이

쉬운 사각회전도 자주 이용되고 있다. 사각회전 중에서도 확실히 수렴하고 계산이 빠르다고 하는 점에서 프로멕스 회전이 대부분의 논문에서 쓰이고 있다.

축위 회전이란 관측변수의 위치관계는 바꾸지 않고 관측변수를 잘 설명할 수 있는 요인의 의미부여를 정하는 것인데, 최선의 방법이 있는 것은 아니다.

6) 요인의 의미 해석

추출된 요인이 어떠한 성질의 것인지, 요인부하량을 보면서 의미를 해석하고 이해를 돕기 위해서 이름을 붙인다거나 한다. 또한 축의 회전에 의해서 명확히 요인의 의미를 해석할 수 있게 되지만, 3요인을 추출했을 때의 처음 2요인과, 추출 요인 수를 두 개로 고정했을 때의 2요인과는 다르므로 요인의 추출조건을 바꾸면서 분석을 진행할 때에는 주의해야 한다.

7) 신뢰성분석

요인분석 그 자체의 일부는 아니지만, 요인분석으로 추출된 요인에 관계가 깊은 측정변수로부터 가산척도(加算尺度)를 구성할 때, 그 적절성을 검증하는 수법이 신뢰성분석이다.

결혼의 장점 인식을 보이는 몇 가지 질문항목을 투입해서 요인분석을 행하고, 그래서 추출된 요인 중에서 어떤 요인에 관계가 깊은 질문항목이 다음과 같았다고 하자.

- 적적함에서 해방된다
- 한 사람보다 두 사람이 살아가는 편이 안심이다
- 좋아하는 사람과 함께 있을 수 있다
- 자신이 살 장소가 정해진다
- 자녀를 가질 수 있다
- 가족을 가짐으로써 자신이 성장할 수 있다
- 경제적으로 편안해진다
- 병이 날 때 등 마음 든든하다
- 노후에 서로 도와 갈 수 있다

공통요인이 존재한다고 하는 것은 같은 심리적 특성을 배경으로 갖는다고 하는 것이며, 따라서 이들 항목을 합성하면 하나의 심리척도를 구성할 수 있음직하다. 이때, 이들 항목이 일관해서 같은 심리적 특성을 측정하고 있는 정도를 정합성이라고 하고, 이것이 클수록 더 신뢰성이 높은 척도가 만들어지게 된다.

이 아홉 개 항목으로 척도를 구성하는 것을 결정했다고 하고, 이것들을 단순가산(單純加算)하는 것이 적절한지 어떤지를 조사할 것을 생각한다. 이들 항목의 각각의 짝에 대해서 상관의 강도를 보는 대신에, 단순가산에 의한 이 척도의 신뢰성을 분석하는 하나의 근사적인 방법이 크론바하의 알파(α)이다.

이 분석 전에 요인분석을 실시하여, 모든 항목의 요인부하량에 대한 플러스 마이너스 부호가 같다면 그대로 분석하고, 그렇지 않으면 항목의 부호를 합쳐 놓는다[8].

8) 척도점수 계산

신뢰성분석에 의해서 내적 정합성이 높은 척도가 확인되면, 척도점수를 계산한다. 구체적인 방법은 요인분석에 의해서 요인 I 에 대한 부하량이 높은 질문항목의 데이터 값을 단순가산한다.

또한 신뢰성분석에서 확인한 하위척도를 구성하는 항목의 단순가산이 아니라, 그 전에 처리한 요인분석 때에 요인점수를 변수로 해서 보존하는 지정을 행해 놓으면, 데이터 세트에 새로운 변수로서 추가된다. 여기에서 보존한 요인분석은 중회귀분석 등 다른 다변량분석에 투입하는 변수로서 이용할 수도 있다.

> ### ⏳Hint
>
> 측정의 타당성이 측정도구가 측정하고자 하는 추상적 개념을 얼마나 잘 반영하고 있는지를 나타내는 개념이라면 측정의 신뢰성은 동일 개념에 대한 측정을 반복했을 때 동일한 측정값을 얻을 가능성을 의미한다. 타당성은 측정도구나 방법에 관한 내용이고, 신뢰성은 타당성보다는 포괄적이어서 타당성을 포함하는 측정 그 자체나 측정자 혹은 측정과정에 관한 내용을 말한다. 예를 들어, 키를 측정하고자 하는 경우, 줄자나 막대자 대신에 체중계로 키를 측정하고자 한다면 이것은 타당성에 문제가 있는 것이다.

---

8) 부하량에 대한 플러스 마이너스 부호가 마이너스인 항목이 있으면, 플러스 부하량의 항목과 가산(加算)했을 때에 서로 부정(否定)하므로, 그 항목은 리코드해서 값의 역전을 하지 않으면 안 된다.

1) 요인분석

　　|예| 문2의 1~16을 요인분석.

《순서 1》 메뉴에서 [분석] - [차원축소] - [요인분석]을 선택한다.

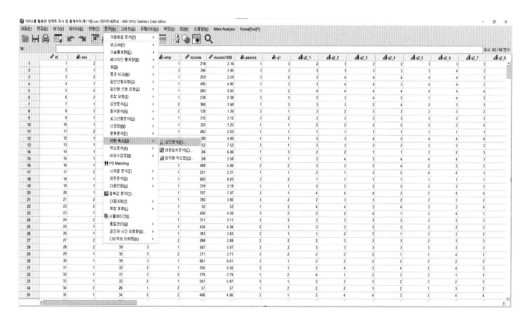

《순서 2》 다음 화면에서 문2의 1~16을 [변수]에 투입한다. [기술통계]를 클릭한다.

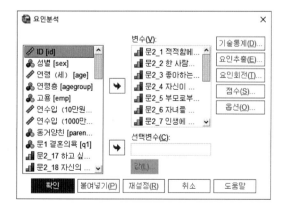

《순서 3》 다음 화면에서 [KMO와 Bartlett의 구형성 검정]에 추가로 체크한다. [계속]을 클릭한다. [요인추출]을 클릭한다.

　　요인분석이 적절한지 판단해주는 검정방법으로 KMO검정, Bartlett검정이 있다. 이중 KMO 검정은 변수들 간의 상관관계가 다른 변수에 의해 잘 설명되는 정도를 나타내는 값이다. 예를 들어 관심이라는 개념을 측정한다면 하루에 전화하는 횟수는 어느 정도인지 찾아오는 횟수는 어느 정도인지 등이 있다. 제반 사정을 통해 몇 회 이상이면 관심이 있는 것으로 하자는 가정을 하고 이것을 측정하게 된다. 이때 각 변수들의 관계가 서로 상관관계가 있는지 측정하는 방법이 KMO 검정방법이다.

　　Bartlett 구형성 검정방법도 변수 간의 상관관계를 파악하는 데 사용된다. Bartlett 구형성 검정방법은 요인분석 모형의 적합성 여부를 판단하는 것으로 유의확률에 의해 파악한다. 즉 귀무가설이 기각될 경우 요인분석의 사용이 적합하며 공통요인이 존재한다고 결론내리게 되는 것이다.

《순서 4》 [요인추출] 대화상자에서 [방법]은 [최대우도]를 선택한다. [표시]에서 [회전하지 않은 요인해법]과 [스크리 도표]에 체크하고, [추출]에서 [고유값 기준]에 체크, [다음 값보다 큰 고유값] 난에 '1'을 입력한다. [수렴을 위한 최대 반복] 난에 '100'을 입력한다[9]. [계속]을 클릭한다. [점수]를 클릭한다.

---

9) 표본 크기나 요인 수에 따라서는 초기값 '25'회로는 적을 수도 있으므로 '100'으로 늘려 놓는다.

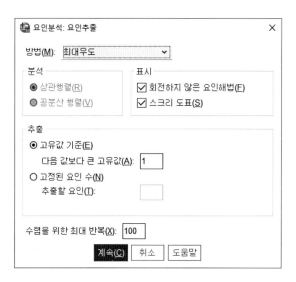

《순서 5》[요인회전]을 클릭한다. 다음 화면에서 [방법]으로 [프로멕스]를 선택하고[10], [표시]의 모든 항목을 체크한다. [수렴을 위한 최대 반복] 난에 '100'을 입력한다. [계속]을 클릭한다.

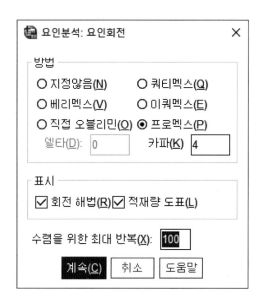

---

10) 프로멕스 회전에서의 카파 값은 '4'가 경험적으로 좋다고 되어 있다.

《순서 6》 [요인점수] 대화상자에서 다음 사항을 체크하고 [계속]을 클릭한다. [옵션]을 클릭한다.

《순서 7》 [옵션] 대화상자에서 [크기순 정렬]에 체크하고 [계속]을 클릭한다. 최초의 화면으로 되돌아오면 [확인]을 클릭한다.

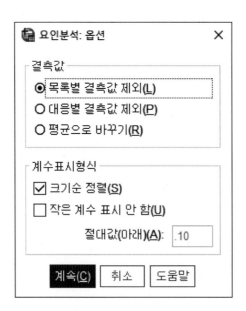

《순서 8》분석결과의 출력

• KMO와 Bartlett의 검정

KMO와 Bartlett의 검정

표본 적절성의 Kaiser-Meyer-Olkin 측도.		.941
Bartlett의 구형성 검정	근사 카이제곱	4256.308
	자유도	120
	유의확률	.000

Kaiser-Meyer-Olkin 측도가 0.5 이상이면 OK. Bartlett의 검정에 대해서는 $p < 0.05$ 등의 기준으로 유의하면 된다.

• 공통성

공통성

	초기	추출
문2_1 적적함에서 해방된다.	.505	.498
문2_2 한 사람보다 두 사람이 살아가는 편이 안심이다	.608	.633
문2_3 좋아하는 사람과 함께 있을 수 있다	.498	.554
문2_4 자신이 살 장소가 정해진다	.511	.473
문2_5 부모로부터 독립할 수 있다	.275	.270
문2_6 자녀를 가질 수 있다	.501	.417
문2_7 인생에 목적을 가질 수 있다	.611	.623
문2_8 가족을 가짐으로써 자신이 성장할 수 있다	.592	.586
문2_9 주위의 친구와 같은 삶의 방식이 가능하다	.398	.434
문2_10 결혼함으로써 한 사람 몫의 어른으로 인정 받는다	.465	.580
문2_11 부모의 기대에 응할 수 있다	.410	.413
문2_12 세대를 이을 수 있다	.536	.462
문2_13 경제적으로 편안해진다	.212	.180
문2_14 가사가 편안해진다	.140	.111
문2_15 병이 날 때 등 마음 든든하다	.538	.552
문2_16 노후에 서로 도와 갈 수 있다	.603	.677

추출 방법: 최대우도.

각 관측변수의 분산 중에서 추출된 요인의 조(組)로 설명된 부분을 나타낸다. 이때, 요인 추출 후의 공통성이 너무 작은 (0.1 미만 등) 관측변수는 분석에서 제외하는 것을 고려한다.

• 설명된 총분산

설명된 총분산

요인	초기 고유값			추출 제곱합 적재량			회전 제곱합 적재량[a]
	전체	% 분산	누적 %	전체	% 분산	누적 %	전체
1	7.328	45.802	45.802	6.835	42.719	42.719	6.341
2	1.118	6.989	52.791	.629	3.934	46.653	5.755
3	.981	6.132	58.923				
4	.902	5.635	64.558				
5	.813	5.082	69.640				
6	.683	4.270	73.910				
7	.603	3.770	77.680				
8	.571	3.570	81.250				
9	.482	3.014	84.264				
10	.463	2.897	87.161				
11	.424	2.651	89.812				
12	.404	2.527	92.339				
13	.339	2.120	94.459				
14	.330	2.062	96.521				
15	.294	1.839	98.360				
16	.262	1.640	100.000				

추출 방법: 최대우도.

a. 요인이 상관된 경우 전체 분산을 구할 때 제곱합 적재량이 추가될 수 없습니다.

제2 고유값까지의 누적기여율이 52.791%이다. 직각회전의 경우와 기본적으로 같지만, 사각 회전의 경우는 회전후의 기여율이 계산·표시되지 않는다.

• 스크리 도표

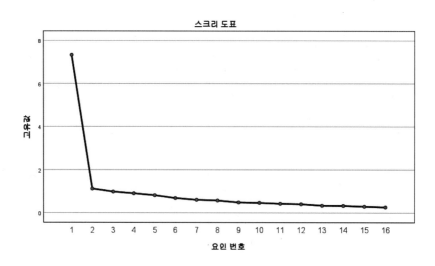

요인의 수를 결정할 때 참고로 하는 그림이다. 이 그래프에서 오른쪽으로 내려가는 기울기가 감소하기 직전까지의 요인을 채택하면 된다. 기울기가 작아진다고 하는 것은 새로 추가되는 요인의 설명력이 작아진다고 하는 것이므로, 채택해야 할 요인인지 아닌지의 판단재료가 된다.

- 요인 행렬

요인행렬[a]

	요인	
	1	2
문2_2 한 사람보다 두 사람이 살아가는 편이 안심이다	.785	-.130
문2_7 인생에 목적을 가질 수 있다	.785	.089
문2_16 노후에 서로 도와 갈 수 있다	.777	-.271
문2_8 가족을 가짐으로써 자신이 성장할 수 있다	.765	.024
문2_3 좋아하는 사람과 함께 있을 수 있다	.706	-.236
문2_1 적적함에서 해방된다	.706	-.010
문2_15 병이 날 때 등 마음 든든하다	.699	-.252
문2_4 자신이 살 장소가 정해진다	.687	-.010
문2_12 세대를 이을 수 있다	.672	.103
문2_6 자녀를 가질 수 있다	.643	.057
문2_10 결혼함으로써 한 사람 몫의 어른으로 인정 받는다	.632	.425
문2_11 부모의 기대에 응할 수 있다	.609	.206
문2_9 주위의 친구와 같은 삶의 방식이 가능하다	.556	.353
문2_5 부모로부터 독립할 수 있다	.488	.180
문2_13 경제적으로 편안해진다	.413	-.097
문2_14 가사가 편안해진다	.321	.091

추출 방법: 최대우도.
a. 추출된 2 요인 4의 반복계산이 요구됩니다.

- 패턴 행렬(회전 후의 요인 행렬)

패턴 행렬[a]

	요인	
	1	2
문2_16 노후에 서로 도와 갈 수 있다	.895	-.099
문2_15 병이 날 때 등 마음 든든하다	.815	-.100
문2_3 좋아하는 사람과 함께 있을 수 있다	.799	-.075
문2_2 한 사람보다 두 사람이 살아가는 편이 안심이다	.709	.111
문2_1 적적함에서 해방된다	.492	.257
문2_8 가족을 가짐으로써 자신이 성장할 수 있다	.485	.331
문2_4 자신이 살 장소가 정해진다	.478	.251
문2_13 경제적으로 편안해진다	.412	.017
문2_6 자녀를 가질 수 있다	.357	.332
문2_10 결혼함으로써 한 사람 몫의 어른으로 인정 받는다	-.150	.868
문2_9 주위의 친구와 같은 삶의 방식이 가능하다	-.103	.732
문2_11 부모의 기대에 응할 수 있다	.133	.537
문2_5 부모로부터 독립할 수 있다	.086	.452
문2_7 인생에 목적을 가질 수 있다	.411	.433
문2_12 세대를 이을 수 있다	.315	.410
문2_14 가사가 편안해진다	.094	.258

추출 방법: 최대우도.
회전 방법: 카이저 정규화가 있는 프로멕스.
a. 3 반복계산에서 요인회전이 수렴되었습니다.

사각회전에 의한 회전 후의 요인 행렬. 각 요인의 특징을 파악하는 요인부하량은 패턴행렬로부터 간파할 수 있다. 요인부하량은 관례적으로 0.35 이상의 것을 채택한다.

- 적합도 검정

적합도 검정

카이제곱	자유도	유의확률
349.014	89	.000

추출방법으로 최대우도법이나 일반화 최소제곱법을 선택했을 때는 그 요인 수에서의 모델의 적합도가 출력된다. $p < 0.05$일 때는 그 모델이 데이터에 적합하지 않게 된다. 표본 크기가 큰 경우는 유의하게 되기 쉬우므로 참고 정도로도 상관없다.

- 요인 상관행렬

요인 상관행렬

요인	1	2
1	1.000	.753
2	.753	1.000

추출 방법: 최대우도.
회전 방법: 카이저 정규화가 있는 프로멕스.

사각회전일 때는 요인 사이가 독립이라고 하는 가정을 두지 않으므로 상관행렬이 출력된다.

- 회전된 요인 공간에서의 요인 도표

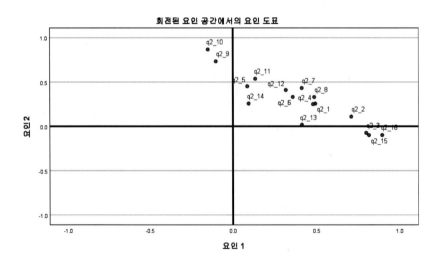

- 요인점수 계수행렬

요인점수 계수행렬

	요인	
	1	2
문2_1 적적함에서 해방된다.	.087	.075
문2_2 한 사람보다 두 사람이 살아가는 편이 안심이다	.167	.053
문2_3 좋아하는 사람과 함꺼 있을 수 있다	.152	-.011
문2_4 자신이 살 장소가 정해진다	.081	.069
문2_5 부모로부터 독립할 수 있다	.014	.084
문2_6 자녀를 가질 수 있다	.056	.080
문2_7 인생에 목적을 가질 수 있다	.101	.161
문2_8 가족을 가짐으로써 자신이 성장할 수 있다	.105	.114
문2_9 주위의 친구와 같은 삶의 방식이 가능하다	-.007	.172
문2_10 결혼함으로써 한 사람 몫의 어른으로 인정 받는다	-.017	.274
문2_11 부모의 기대에 응할 수 있다	.025	.124
문2_12 세대를 이을 수 있다	.055	.106
문2_13 경제적으로 편안해진다	.043	.006
문2_14 가사가 편안해진다	.011	.039
문2_15 병이 날 때 등 마음 든든하다	.154	-.018
문2_16 노후에 서로 도와 갈 수 있다	.235	-.023

추출 방법: 최대우도.
회전 방법: 카이저 정규화가 있는 프로멕스.
요인점수화 방법: 회귀.

요인점수를 계산하기 위한 가중치이다.

- 요인점수 공분산행렬

요인점수 공분산 행렬

요인	1	2
1	1.413	1.351
2	1.351	1.302

추출 방법: 최대우도.
회전 방법: 카이저 정규화가 있
는 프로멕스.
요인점수화 방법: 회귀.

요인점수 간의 분산공분산행렬이다.

이번에는 주축요인추출법 - 베리멕스 회전에 의한 요인분석을 실시해 보기로 한다.

《순서 1》 메뉴에서 [분석] - [차원축소] - [요인분석]을 선택한다.

《순서 2》 다음 화면에서 문2의 1~16을 [변수]에 투입한다. [기술통계]를 클릭한다.

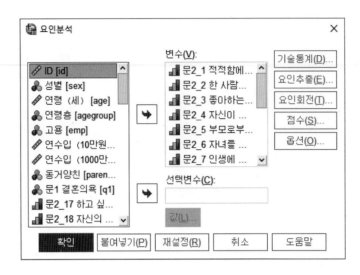

《순서 3》 다음 화면에서 [KMO와 Bartlett의 구형성 검정]에 추가로 체크한다. [계속]을 클릭한다. [요인추출]을 클릭한다.

《순서 4》 [요인추출] 대화상자에서 [방법]은 [주축 요인추출법]을 선택한다. [표시]에서 [회전하지 않은 요인해법]과 [스크리 도표]에 체크하고, [추출]에서 [고유값 기준]에 체크, [다음 값보다 큰 고유값] 난에 '1'을 입력한다. [수렴을 위한 최대 반복] 난에 '100'을 입력한다. [계속]을 클릭한다. [점수]를 클릭한다.

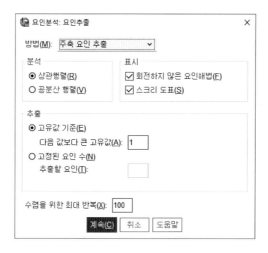

《순서 5》 [요인회전]을 클릭한다. 다음 화면에서 [방법]으로 [베리멕스]를 선택하고, [표시]의 모든 항목을 체크한다. [수렴을 위한 최대 반복] 난에 '100'을 입력한다. [계속]을 클릭한다.

《순서 6》 [요인점수] 대화상자에서 다음 사항을 체크하고 [계속]을 클릭한다. [옵션]을 클릭한다.

《순서 7》 [옵션] 대화상자에서 [크기순 정렬]에 체크하고 [계속]을 클릭한다. 최초의 화면으로 되돌아오면 [확인]을 클릭한다.

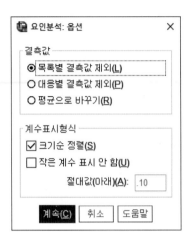

《순서 8》 **분석결과의 출력**

최대우도법 - 프로멕스 회전에 의한 분석결과와 다른 부분만 살펴보기로 한다.

• 공통성

공통성

	초기	추출
문2_1 적적함에서 해방된다.	.505	.503
문2_2 한 사람보다 두 사람이 살아가는 편이 안심이다	.608	.635
문2_3 좋아하는 사람과 함께 있을 수 있다	.498	.553
문2_4 자신이 살 장소가 정해진다	.511	.474
문2_5 부모로부터 독립할 수 있다	.275	.259
문2_6 자녀를 가질 수 있다	.501	.417
문2_7 인생에 목적을 가질 수 있다	.611	.616
문2_8 가족을 가짐으로써 자신이 성장할 수 있다	.592	.582
문2_9 주위의 친구와 같은 삶의 방식이 가능하다	.398	.449
문2_10 결혼함으로써 한 사람 몫의 어른으로 인정 받는다	.465	.568
문2_11 부모의 기대에 응할 수 있다	.410	.429
문2_12 세대를 이을 수 있다	.536	.470
문2_13 경제적으로 편안해진다	.212	.181
문2_14 가사가 편안해진다	.140	.113
문2_15 병이 날 때 등 마음 든든하다	.538	.549
문2_16 노후에 서로 도와 갈 수 있다	.603	.669

추출 방법: 주축요인추출.

요인 추출 후의 공통성이 다소 다르다.

- 설명된 총분산

설명된 총분산

요인	초기 고유값			추출 제곱합 적재량			회전 제곱합 적재량		
	전체	% 분산	누적 %	전체	% 분산	누적 %	전체	% 분산	누적 %
1	7.328	45.802	45.802	6.844	42.773	42.773	4.174	26.086	26.086
2	1.118	6.989	52.791	.623	3.893	46.666	3.293	20.579	46.666
3	.981	6.132	58.923						
4	.902	5.635	64.558						
5	.813	5.082	69.640						
6	.683	4.270	73.910						
7	.603	3.770	77.680						
8	.571	3.570	81.250						
9	.482	3.014	84.264						
10	.463	2.897	87.161						
11	.424	2.651	89.812						
12	.404	2.527	92.339						
13	.339	2.120	94.459						
14	.330	2.062	96.521						
15	.294	1.839	98.360						
16	.262	1.640	100.000						

추출 방법: 주축요인추출.

제2 고유값까지의 누적기여율이 52.791%이다. 사각회전의 경우와 기본적으로 같지만, 직각 회전의 경우는 회전후의 기여율이 계산·표시되고 있다.

- 요인 행렬

요인행렬[a]

	요인	
	1	2
문2_7 인생에 목적을 가질 수 있다	.783	.051
문2_2 한 사람보다 두 사람이 살아가는 편이 안심이다	.780	-.160
문2_16 노후에 서로 도와 갈 수 있다	.766	-.287
문2_8 가족을 가짐으로써 자신이 성장할 수 있다	.762	-.017
문2_1 적적함에서 해방된다.	.708	-.035
문2_3 좋아하는 사람과 함께 있을 수 있다	.698	-.256
문2_15 병이 날 때 등 마음 든든하다	.691	-.268
문2_4 자신이 살 장소가 정해진다	.687	-.041
문2_12 세대를 이을 수 있다	.679	.096
문2_6 자녀를 가질 수 있다	.644	.048
문2_10 결혼함으로써 한 사람 몫의 어른으로 인정 받는다	.640	.397
문2_11 부모의 기대에 응할 수 있다	.621	.210
문2_9 주위의 친구와 같은 삶의 방식이 가능하다	.571	.350
문2_5 부모로부터 독립할 수 있다	.489	.142
문2_13 경제적으로 편안해진다	.414	-.098
문2_14 가사가 편안해진다	.326	.078

추출 방법: 주축 요인추출.

a. 추출된 2 요인 7의 반복계산이 요구됩니다.

- 회전된 요인 행렬

회전된 요인행렬[a]

	요인	
	1	2
문2_16 노후에 서로 도와 갈 수 있다	.767	.285
문2_15 병이 날 때 등 마음 든든하다	.697	.250
문2_3 좋아하는 사람과 함께 있을 수 있다	.695	.264
문2_2 한 사람보다 두 사람이 살아가는 편이 안심이다	.695	.390
문2_8 가족을 가짐으로써 자신이 성장할 수 있다	.587	.486
문2_1 적적함에서 해방된다.	.558	.437
문2_7 인생에 목적을 가질 수 있다	.558	.552
문2_4 자신이 살 장소가 정해진다	.546	.419
문2_13 경제적으로 편안해진다	.378	.197
문2_10 결혼함으로써 한 사람 몫의 어른으로 인정 받는다	.224	.719
문2_9 주위의 친구와 같은 삶의 방식이 가능하다	.202	.639
문2_11 부모의 기대에 응할 수 있다	.331	.565
문2_12 세대를 이을 수 있다	.450	.517
문2_6 자녀를 가질 수 있다	.455	.458
문2_5 부모로부터 독립할 수 있다	.276	.428
문2_14 가사가 편안해진다	.195	.273

추출 방법: 주축 요인추출.
회전 방법: 카이저 정규화가 있는 베리멕스.
a. 3 반복계산에서 요인회전이 수렴되었습니다.

직각회전에 의한 회전 후의 요인 행렬. 사각회전에 의한 분석결과에 비해서 제1요인, 제2요인에 중복으로 관련되어 있는 변수가 다수 보인다. 분석결과를 비교해 보면, 사각 회전에 의한 패턴 행렬이 요인을 해석하기 쉬워 보인다.

패턴 행렬[a]

	요인	
	1	2
문2_16 노후에 서로 도와 갈 수 있다	.895	-.099
문2_15 병이 날 때 등 마음 든든하다	.815	-.100
문2_3 좋아하는 사람과 함께 있을 수 있다	.799	-.075
문2_2 한 사람보다 두 사람이 살아가는 편이 안심이다	.709	.111
문2_1 적적함에서 해방된다.	.492	.257
문2_8 가족을 가짐으로써 자신이 성장할 수 있다	.485	.331
문2_4 자신이 살 장소가 정해진다	.478	.251
문2_13 경제적으로 편안해진다	.412	.017
문2_6 자녀를 가질 수 있다	.357	.332
문2_10 결혼함으로써 한 사람 몫의 어른으로 인정 받는다	-.150	.868
문2_9 주위의 친구와 같은 삶의 방식이 가능하다	-.103	.732
문2_11 부모의 기대에 응할 수 있다	.133	.537
문2_5 부모로부터 독립할 수 있다	.086	.452
문2_7 인생에 목적을 가질 수 있다	.411	.433
문2_12 세대를 이을 수 있다	.315	.410
문2_14 가사가 편안해진다	.094	.258

추출 방법: 최대우도.
회전 방법: 카이저 정규화가 있는 프로멕스.
a. 3 반복계산에서 요인회전이 수렴되었습니다.

요인부하량은 관례적으로 0.35라든가 0.40 이상의 것을 채택한다[11]. 그렇다면 제1요인은 문2_1, 문2_2, 문2_3, 문2_4, 문2_6, 문2_8, 문2_13, 문2_15, 문2_16의 요인부하량이 크게 되어 있다. 이러한 사실로부터 제1요인은 결혼의 이미지로서 '가족의 사랑과 평안'을 의미한다고 할 수 있다. 이에 비해서 제2요인은 문2_5, 문2_7, 문2_9, 문2_10, 문2_11, 문2_12, 문2_14의 요인부하량이 크게 되어 있다. 이로부터 제2요인은 결혼의 이미지를 '세대의 분가와 독립'이라고 해석할 수 있다.

- 요인 변환행렬

요인 변환행렬

요인	1	2
1	.756	.655
2	-.655	.756

추출 방법: 주축 요인추출.
회전 방법: 카이저 정규화가 있는 베리멕스.

- 회전된 요인 공간에서의 요인 도표

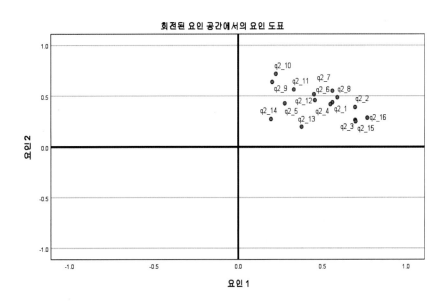

회전된 요인 공간에서의 요인 도표

사각회전의 경우에 비해서 변수들이 제1상한에 밀집되어 있는 것을 알 수 있다.

---

11) 노형진, SPSS 및 AMOS를 활용한 연구조사방법, 지필미디어, 2016, p. 275.

• 요인점수 계수행렬

요인점수 계수행렬

	요인	
	1	2
문2_1 적적함에서 해방된다.	.082	.047
문2_2 한 사람보다 두 사람이 살아가는 편이 안심이다	.211	-.048
문2_3 좋아하는 사람과 함께 있을 수 있다	.214	-.106
문2_4 자신이 살 장소가 정해진다	.073	.041
문2_5 부모로부터 독립할 수 있다	-.019	.084
문2_6 자녀를 가질 수 있다	.017	.083
문2_7 인생에 목적을 가질 수 있다	.042	.146
문2_8 가족을 가짐으로써 자신이 성장할 수 있다	.096	.060
문2_9 주위의 친구와 같은 삶의 방식이 가능하다	-.127	.262
문2_10 결혼함으로써 한 사람 몫의 어른으로 인정 받는다	-.198	.380
문2_11 부모의 기대에 응할 수 있다	-.058	.182
문2_12 세대를 이을 수 있다	.006	.129
문2_13 경제적으로 편안해진다	.050	-.006
문2_14 가사가 편안해진다	-.004	.044
문2_15 병이 날 때 등 마음 든든하다	.217	-.113
문2_16 노후에 서로 도와 갈 수 있다	.322	-.165

추출 방법: 주축 요인추출.
회전 방법: 카이저 정규화가 있는 베리멕스.
요인점수화 방법: 회귀.

2) 신뢰도분석

> **Hint**
>
> 신뢰도분석이란 연구자가 작성한 질문지가 믿을 수 있는가 없는가에 대한 통계적인 신뢰성을 확보하기 위하여 이루어지는 분석이다. 그 방법은 네 가지가 있으나 SPSS에서는 test-retest reliability(재측정 신뢰도), split-half reliability(반분 신뢰도), item-total correlation(문항분석), Chronbach's Alpha, alternative reliablity(동등척도 신뢰도), inter-rater reliability(평가자간 신뢰도) 등이 있다.
>
> 자신이 작성한 질문지가 최소한의 인정을 받으려면 보통 Alpha 계수가 0.4 이상이어야 하며, 전문가들은 보통 0.6 이상이 되어야 한다. 그러나 꼭 정해진 것은 아니다.

《순서 1》 메뉴에서 [분석] - [척도분석] - [신뢰도분석]을 선택한다.

《순서 2》 제1요인을 구성하는 문2_1, 문2_2, 문2_3, 문2_4, 문2_6, 문2_8, 문2_13, 문2_15, 문2_16 등 9항목을 [항목] 난에 투입한다. [통계량]을 클릭한다.

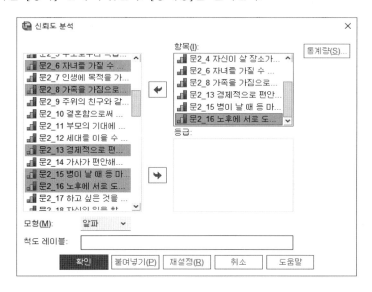

《순서 3》 [통계량] 대화상자에서 다음 사항을 체크하고 [계속]을 클릭한다. 이어서 [확인]을 클릭한다.

《순서 4》 분석결과의 출력

- 신뢰도 통계량

신뢰도 통계량

Cronbach의 알파	표준화된 항목의 Cronbach의 알파	항목 수
.891	.892	9

Cronbach의 알파 수치가 출력된다. 일반적으로 0.8을 초과하는 수치이면 척도로서 내적 정합성이 높다고 한다. 앙케트 조사 데이터에서는 0.7을 초과하면 비교적 양호하다고 판단한다[12].

- 항목 간 상관행렬

9항목 사이의 상관계수를 볼 수 있는 상관행렬이 출력된다.

항목간 상관행렬

	문2_1 적적함에서 해방된다.	문2_2 한 사람보다 두 사람이 살아가는 편이 안심이다	문2_3 좋아하는 사람과 함께 있을 수 있다	문2_4 자신이 살 장소가 정해진다	문2_6 자녀를 가질 수 있다	문2_8 가족을 가짐으로써 자신이 성장할 수 있다	문2_13 경제적으로 편안해진다	문2_15 병이 날 때 등 마음 든든하다	문2_16 노후에 서로 도와 갈 수 있다
문2_1 적적함에서 해방된다.	1.000	.584	.499	.568	.405	.490	.322	.525	.521
문2_2 한 사람보다 두 사람이 살아가는 편이 안심이다	.584	1.000	.567	.596	.480	.568	.386	.562	.664
문2_3 좋아하는 사람과 함께 있을 수 있다	.499	.567	1.000	.476	.459	.534	.290	.549	.616
문2_4 자신이 살 장소가 정해진다	.568	.596	.476	1.000	.376	.515	.353	.401	.533
문2_6 자녀를 가질 수 있다	.405	.480	.459	.376	1.000	.515	.207	.410	.489
문2_8 가족을 가짐으로써 자신이 성장할 수 있다	.490	.568	.534	.515	.515	1.000	.292	.594	.564
문2_13 경제적으로 편안해진다	.322	.386	.290	.353	.207	.292	1.000	.347	.319
문2_15 병이 날 때 등 마음 든든하다	.525	.562	.549	.401	.410	.594	.347	1.000	.628
문2_16 노후에 서로 도와 갈 수 있다	.521	.664	.616	.533	.489	.564	.319	.628	1.000

---

12) 노형진, SPSS를 활용한 조사방법 및 통계분석 제2판, 학현사, 2014, p. 569.
   노형진·유자양, SPSS 및 EXCEL을 활용한 다변량분석 이론과 실제, 지필미디어, 2016, p. 526.

• 항목 총계 통계량

항목 총계 통계량

	항목이 삭제된 경우 척도 평균	항목이 삭제된 경우 척도 분산	수정된 항목-전체 상관계수	제곱 다중 상관계수	항목이 삭제된 경우 Cronbach 알파
문2_1 적적함에서 해방된다.	22.40	26.891	.665	.472	.878
문2_2 한 사람보다 두 사람이 살아가는 편이 안심이다	22.16	26.112	.760	.593	.870
문2_3 좋아하는 사람과 함께 있을 수 있다	21.97	26.988	.680	.483	.877
문2_4 자신이 살 장소가 정해진다	22.48	27.125	.648	.481	.879
문2_6 자녀를 가질 수 있다	22.09	27.379	.559	.351	.887
문2_8 가족을 가짐으로써 자신이 성장할 수 있다	22.12	26.850	.696	.515	.876
문2_13 경제적으로 편안해진다	22.73	29.342	.411	.195	.897
문2_15 병이 날 때 등 마음 든든하다	22.00	27.036	.684	.532	.877
문2_16 노후에 서로 도와갈 수 있다	22.06	26.540	.746	.595	.872

[항목이 삭제된 경우 Cronbach 알파]의 열을 보고, 척도 개선의 여지가 있는지 확인한다. 이 경우에 [신뢰도 통계량]의 Cronbach 알파 0.891보다 큰 값을 보이는 것은 문2_13 항목 하나이다. 즉, 이 항목을 제거하면 신뢰도가 그만큼 개선된다는 의미이다.

• 척도 통계량

척도 통계량

평균	분산	표준화 편차	항목 수
25.00	33.889	5.821	9

9항목을 척도로 했을 때의 기본통계량이 출력되고 있다.

복수의 단일회답에 대한 분석(II)
- 대응분석

Chapter 12
복수의 단일회답에 대한 분석(II)
- 대응분석

질문항목

문1.　귀하의 결혼에 대한 생각을 다음 중에서 골라 주십시오.
　　1. 가능한 한 빨리 결혼하고 싶다
　　2. 곧 결혼하고 싶다
　　3. 결혼하고 싶다고는 생각하지 않는다

문2.　귀하는 결혼에 대해서 다음과 같은 이미지를 갖고 계십니까? 각각에 대해서 적합한 것에
　　○표를 해 주십시오.

	그렇게 생각하지 않는다	별로 그렇게 생각하지 않는다	약간 그렇게 생각한다	그렇게 생각한다
1. 적적함에서 해방된다	1	2	3	4
2. 한 사람보다 두 사람이 살아가는 편이 안심 이다	1	2	3	4
3. 좋아하는 사람과 함께 있을 수 있다	1	2	3	4
4. 자신이 살 장소가 정해진다	1	2	3	4
5. 부모로부터 독립할 수 있다	1	2	3	4
6. 자녀를 가질 수 있다	1	2	3	4
7. 인생에 목적을 가질 수 있다	1	2	3	4
8. 가족을 가짐으로써 자신이 성장할 수 있다	1	2	3	4
9. 주위의 친구와 같은 삶의 방식이 가능하다	1	2	3	4
10. 결혼함으로써 한 사람 몫의 어른으로 인정 받는다	1	2	3	4

	그렇게 생각하지 않는다	별로 그렇게 생각하지 않는다	약간 그렇게 생각한다	그렇게 생각한다
11. 부모의 기대에 응할 수 있다	1	2	3	4
12. 세대를 이을 수 있다	1	2	3	4
13. 경제적으로 편안해진다	1	2	3	4
14. 가사가 편안해진다	1	2	3	4
15. 병이 날 때 등 마음 든든하다	1	2	3	4
16. 노후에 서로 도와 갈 수 있다	1	2	3	4
17. 하고 싶은 것을 충분히 할 수 있게 된다	1	2	3	4
18. 자신의 일을 할 수 없게 된다	1	2	3	4
19. 자유롭게 쓸 수 있는 돈이 줄어든다	1	2	3	4
20. 지금의 수입으로는 생활이 가난해진다	1	2	3	4
21. 자신의 생활패턴을 바꾸지 않으면 안 된다	1	2	3	4
22. 자신만의 시간을 가질 수 없게 된다	1	2	3	4
23. 새로운 연애를 할 기회를 잃는다	1	2	3	4
24. 더 좋은 상대와 만날 기회를 잃는다	1	2	3	4
25. 모험적인 삶의 방식이 불가능해진다	1	2	3	4
26. 지금까지와 같은 친구 교제를 유지할 수 없 게 된다	1	2	3	4
27. 지금까지와 같은 부모자식관계를 유지할 수 없게 된다	1	2	3	4
28. 사는 곳의 자유를 잃는다	1	2	3	4

문5.　귀하는 결혼을 향해서 다음과 같은 활동을 한 적이 있습니까? (복수회답 가능)

a. 친구 등에게 이성의 소개를 의뢰	g. 부모, 친척, 상사에게 소개를 의뢰
b. 미팅 활동이나 술자리에 참가	h. 맞선
c. 단체 미팅에 참가	i. 인터넷의 결혼활동 사이트를 이용
d. 결혼활동 파티에 참가	j. 결혼상담소나 결혼소개 서비스를 이용
e. 매력을 높이기 위해서 멋을 부렸다	k. 기타
f. 독신의 이성이 많은 곳에 갔다	l. 활동을 한 적이 없다

• 연령층의 각 범주(20대 후반/30대 전반/30대 후반)와 결혼에 대한 의욕에는 어떠한 편성에서 관련이 강한가?

• 소위 '결혼활동'의 여러 가지 활동 중에서 관련이 강한 활동은 어느 것일까? 또한 관련이 강한 활동의 그룹을 한데 모을 수 있을까?

대응분석(correspondence analysis)은 프랑스의 Benzécri가 개발한, 크로스 집계표의 행 범주와 열 범주의 관계에 대해서 그래프의 표현을 부여하는 수법이다. 따라서 분석대상이 되는 변수도 크로스 집계표 분석과 마찬가지로 질적 데이터이며, 질문항목으로서는 단일회답 항목, 변수 타입으로 말하면 2가·명목·순서의 각각에 적용할 수 있다.

| 표 12-1 | 단일회답의 분석수법

	특징 파악	관계 파악		설명	정리(통합)
		질적	양적		
질적	단순집계 크로스 집계	독립성검정 관련계수	t검정 분산분석	로지스틱 회귀분석	대응분석
양적	기술통계량	t검정 분산분석	상관계수	회귀분석	요인분석

대응분석은 예를 들면 다음의 표 12-2와 같은 크로스 집계표를 기초 데이터로서 분석을 실시한다.

| 표 12-2 | 연령층 × 결혼의욕

연령층	결혼의욕			합계
	가능한 한 빨리 결혼하고 싶다	곧 결혼하고 싶다	결혼하고 싶다고는 생각하지 않는다	
20대 후반	77	77	37	191
30대 전반	88	45	51	184
30대 후반	75	42	69	186
합계	240	164	157	561

표 12-2를 다음과 같은 그림으로 치환하여 행 범주와 열 범주의 관계를 알기 쉽게 한다.

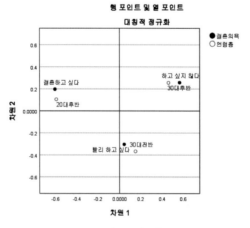

| 그림 12-1 | 범주 간 관계의 플롯

크로스 집계표의 독립성검정은 변수 간 상호관계를 가설검정으로서 분석하는 것인데, 대응분석은 변수의 범주 간 관계를 그래프의 좌표로서 표현하고 있다. 표 12-2에 대해서 독립성검정을 실시하면 귀무가설이 기각되어 두 변수에 관련이 보인다.

《순서 1》 메뉴에서 [분석] - [기술통계량] - [교차분석]을 선택한다.

《순서 2》 [교차분석] 대화상자에서 [행]에 '연령층', [열]에 '결혼의욕'을 투입한다.
　　　　　[통계량]을 클릭한다.

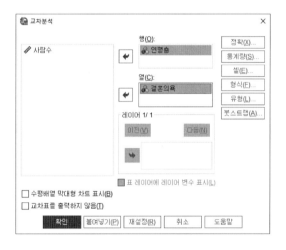

《순서 3》 [통계량] 대화상자에서 [카이제곱]에 체크하고 [계속]을 클릭한다. 이어서 [확인]을 클릭한다.

《순서 4》 분석결과의 출력

카이제곱 검정

	값	자유도	근사 유의확률 (양측검정)
Pearson 카이제곱	24.490[a]	4	.000
우도비	24.032	4	.000
선형 대 선형결합	4.272	1	.039
유효 케이스 수	561		

a. 0 셀 (0.0%)은(는) 5보다 작은 기대 빈도를 가지는 셀입니다. 최소 기대빈도는 51.49입니다.

$\chi^2(4) = 24.490$, $p = 0.000 < 0.05$이므로 두 변수는 독립이 아니다. 즉, 두 변수는 관련이 있다.

또한 다중회답 질문의 경우에도 대응분석을 이용할 수 있다. 이 경우, 다중회답의 분석방법을 이용해서 행과 열에 같은 범주를 배치한 크로스 집계표를 작성해서, 이것을 입력하여 대응분석을 실시한다. 혹은 질문항목이 세 개 이상인 경우에 이용하는 다중대응분석을 이용한다. 이들 방법은 복수의 변수로 이루어지는 다차원 공간을 더 작은 차원으로 축약해서 그래프로 표현하는 사실로부터 주성분분석과 같이 '변수를 한데 모은다'고 하는 패턴 분류의 수법이기도 하다. 생 데이터에서는 각각의 선택지에 대응하는 복수의 더미 변수로서 입력되어 있기 때문이다.

| 표 12-3 | 다중회답의 분석수법

선택지	변수 타입	특징 파악	관계 파악		설명	정리(통합)
			질적	양적		
따로따로	2가	단순집계 크로스 집계	독립성검정 관련계수	t검정	로지스틱 회귀분석	대응분석
통합해서	이산	기술통계량	t검정 분산분석	상관계수	포아송 회귀분석	

1) 대응분석의 용어

대응분석의 출발점은 크로스표(분할표)이다. 표 12-2에 대해서 상대도수표를 작성하고, 행 상대도수를 행 프로파일, 열 상대도수를 열 프로파일이라고 부른다. 열 주변 상대도수를 평균 행 프로파일이라 하고, 각 행 프로파일의 중심(重心)이 된다. 또한 열의 매스(질량)라고 한다. 행 주변 상대도수를 평균 열 프로파일이라 부르고, 각 열 프로파일의 중심이다. 그리고 행의 질량이라고도 한다.

| 표 12-4 | 연령층 × 결혼의욕의 행 프로파일·열 프로파일

행 프로파일

연령층	결혼의욕 빨리 하고 싶다	결혼하고 싶다	하고 싶지 않다	주변 합
20대후반	.403	.403	.194	1.000
30대전반	.478	.245	.277	1.000
30대후반	.403	.226	.371	1.000
매스	.428	.292	.280	

열 프로파일

연령층	결혼의욕 빨리 하고 싶다	결혼하고 싶다	하고 싶지 않다	매스
20대후반	.321	.470	.236	.340
30대전반	.367	.274	.325	.328
30대후반	.313	.256	.439	.332
주변 합	1.000	1.000	1.000	

이 표의 정보를 기초로 크로스표의 행·열의 범주를 그림 12-1과 같은 그래프에 배치하는 것을 생각한다. 비슷한 성질의 범주끼리를 가깝게, 비슷하지 않은 관계의 범주끼리를 멀리 배치하도록, 범주 간의 거리를 정한다. 예를 들면, 행 변수의 범주 i와 범주 j 사이의 거리 $d(i, j)$는,

$$d(i, j) = \sqrt{\sum_k \frac{(p_{ik} - p_{jk})^2}{p_{\cdot k}}}$$

로 정의된다. 여기에서 p_{ik}는 표 12-4의 행 프로파일에 대한 각 요소, 또한 $p._k$는 평균 행 프로파일의 요소이다. 열 변수의 범주 간 거리도 같은 식으로 계산하는데, 그 때 p_{ik}는 표 12-4의 열 프로파일에 개한 각 요소, 또한 분모의 $p._k$는 평균 열 프로파일의 요소이다.

> |예| 20대 후반과 30대 전반의 범주 간 거리는 다음과 같다.
>
> $$\sqrt{\frac{(0.403-0.478)^2}{0.428}+\frac{(0.403-0.245)^2}{0.292}+\frac{(0.194-0.277)^2}{0.280}}=0.351$$

이와 같이 해서 계산해 가면, 행 변수마다 혹은 열 변수마다 범주 간 거리, 및 각 범주와 중심의 거리가 계산된다. 이것은 같은 변수의 범주 간 거리로서 정의되어 계산되고 있으므로, 결과를 해석할 때에 주의가 필요하다.

2) 좌표값의 계산

다음에 각 범주 간 거리의 정보를 가진 평면을 표현하는 새로운 차원(축)을 정한다. 대응분석은 이 축이나 그곳에 대한 각 범주의 포인트의 좌표값을 얻는 방법인데, 앞에서와는 다른 방향에서 살펴보자. 앞의 예에서 든 3×3의 표를 다음과 같이 일반화한다.

| 표 12-5 | 2변수 크로스 집계표의 일반형

	Y_1	Y_2	Y_3	합계
X_1	f_{11}	f_{12}	f_{13}	$f_1.$
X_2	f_{21}	f_{22}	f_{23}	$f_2.$
X_3	f_{31}	f_{32}	f_{33}	$f_3.$
합계	$f._1$	$f._2$	$f._3$	N

이 표의 각 범주에 대해서 수량화하는 것을 생각한다.

| 표 12-6 | 범주의 수량화

	20대 후반	30대 전반	30대 후반
질적 변수 X	X_1	X_2	X_3
	↓	↓	↓
양적 변수 x	x_1	x_2	x_3

	가능한 한 빨리 결혼하고 싶다	곧 결혼하고 싶다	결혼하고 싶다고는 생각하지 않는다
질적 변수 Y	Y_1	Y_2	Y_3
	↓	↓	↓
양적 변수 y	y_1	y_2	y_3

이때, x 및 y는 표준화된 변수로서 값을 부여한다. 다시 말하면 각각의 범주의 주변도수를 가미해서

$$\bar{x} = \frac{f_1. \times x_1 + f_2. \times x_2 + f_3. \times x_3}{N} = 0, \; S_x^2 = \frac{f_1. \times x_1^2 + f_2. \times x_2^2 + f_3. \times x_3^2}{N} = 1$$

$$\bar{y} = \frac{f_1. \times y_1 + f_2. \times y_2 + f_3. \times y_3}{N} = 0, \; S_y^2 = \frac{f_1. \times y_1^2 + f_2. \times y_2^2 + f_3. \times y_3^2}{N} = 1$$

라고 하는 조건으로 한다. 이때, x와 y의 상관계수

$$r_{xy} = f_{11} \times x_1 \times y_1 + f_{12} \times x_1 \times y_2 + \cdots + f_{33} \times x_3 \times y_3$$

가 최대가 되는 (x_1, x_2, x_3) 및 (y_1, y_2, y_3)를 구한다. 이 (x_1, x_2, x_3) 및 (y_1, y_2, y_3)의 편성은 복수 차원 구하는데, 이것을 기초로 각 범주를 그래프로 플롯할 때의 좌표를 정하게 된다.

구체적인 계산에 대해서는 생략하지만, r_{xy}를 특이값, 그 제곱을 고유값이라고 한다. 고유값은 대응분석에서는 관성(inertia)이라고 부르며, 각 차원의 좌표(스코어)의 중심 주변의 분산을 의미한다. 따라서 각 차원의 관성의 총계(전체 관성)은 그래프의 원점 주변의 모든 산포라고 하는 것이 된다. 각 차원의 관성을 전체 관성으로 나눈 것을 기여율이라 하고, 각 차원의 설명력을 나타내고 있다.

또한 대응분석에서 계산되는, 각 범주에 대응하는 x_1, x_2, x_3나 y_1, y_2, y_3의 포인트가 좌표축에 대해서 가지고 있는 기여의 크기는 좌표축에 대한 의미의 해석을 돕는다. SPSS에서는 '차원의 관성에 대한 포인트'(의 기여율)라고 하는 표기로 되어 있다. 이것에 대해서, 각 포인트 값의 산포에 대해서 좌표축이 갖고 있는 설명력은 SPSS에서 '포인트의 관성에 대한 차원'(의 기여율)으로서 출력된다.

질적 데이터 혹은 비계량 데이터에 대한 분석법은 많은 연구자들이 서로 다른 영역에서 각각 독자적인 이름 아래 독립적으로 발전시켜 왔다고 하는 흥미 있는 역사적 배경을 가지고 있다. 프랑스의 벤제크리(J. P. Benzécri)에 의해서 개발되어 대성공을 거둔 대응분석(correspondence analysis)을 북미지역에 소개하고자 했을 때, 이미 미국에서는 최적화 척도법(optimal scaling)이란 이름으로 다수의 연구가 이루어져 있어 전혀 새로운 것이 아니었다. 또한 캐나다에서는 쌍대척도법(dual scaling)이란 이름으로 여러 분야에 응용되고 있으며, 이스라엘에서는 스케일러그램 분석(scalogram analysis), 네덜란드에서는 동질성 분석(homogeneity analysis) 등 각 나라마다 다른 이름 아래 서로 다른 언어로써 독립적으로 발전해 왔다. 뿐만 아니라 시기적으로 이들보다 앞서 일본의 하야시(林知己夫)에 의해서 개발된 수량화이론(quantification theory or quantification method) 중의 제Ⅲ류가 상기의 기법들과 같다는 것이 밝혀졌다. 따라서, 위의 제기법들은 외견상은 서로 다르지만 결국은 같은 기법이란 것이 보고되고 있다. 즉, 이들 기법은 결국은 모두 고유방정식을 푸는 문제로 귀착하게 된다는 것이다.

질적 데이터의 수량화에 대한 효시는 거트만(L. Guttman)에 의한 척도분석법일 것이다. 거트만은 사회조사의 설문지로부터 얻어진 요인-범주형 데이터(item-category data)를 분석하는 과정에서, 범주에 가중치를 부여하여 회답자의 득점(score)을 회답범주의 가중치에 대한 합에 의해서 산출하는 기법을 고안했다.

거트만의 목표는 회답자의 득점을 아는 것만으로 그 회답유형을 예측할 수 있도록 하는 것, 회답자에게 득점에 의거한 순위를 매겨서 출신계층 등 배경항목과 회답유형과의 관계를 조사하는 데 있었다.

3) 해석할 때의 주의점

일반적으로 대응분석에서는 축의 해석을 할 필요는 없다고 하지만, 특히 다중대응분석의 경우 등 복수의 변수를 정리할 목적을 의식할 때에는 요인분석과 같이 축을 해석해서 분석결과와의 이해를 돕는다.

범주끼리의 관계를 그래프로 이해하는 과정에서 각 범주를 플롯한 산점도를 표시할 때에는, 행 변수·열 변수의 각 범주 플롯을 보이든지 혹은 그것들을 동시 배치한 그림 Bi-플롯을 보인다. 이때, 행 변수의 범주 간 거리와 열 변수의 범주 간 거리는 각각 따로 계산된 것으로, 단순히 행 변수의 어떤 범주와 열 변수의 어떤 범주가 '가깝다'고 표현하는 데는 신중하지 않으면 안 된다. 행 변수의 범주와 열 변수의 범주 상호 간에는 거리가 정의되어 있지 않다는 데 유의하면서 해석해야 한다.

그리고 분석에 투입한 범주 변수가 순서척도이고 또한 제1축의 설명력이 대단히 높을 때(결과적으로 제2축의 설명력이 낮을 때), 제2축이 제1축의 2차 변환이 되어 버리는 말발굽형 효과13)라고 하는 현상이 일어나는 경우가 있다. 이와 같이 플롯한 산점도의 간파는 그리 간단히는 되지 않는 경우가 있으므로, 결과의 실질적인 의미를 생각하는 것이 중요하다.

4) 응용 예 : 복합표의 분석

대응분석는 반드시 두 변수의 크로스 집계표만이 아니라, 여러 가지 표에 응용된다. 예를 들면 다음의 표 12-7은 열에는 '성별'과 '연령층'을 편성한 복합 범주를 만들어서 그룹 변수로 해 놓고, 행에는 결혼에 관한 긍정적인 이미지(16항목)을 배치하고 있다. 행 변수는 4점 척도로 측정한 별개의 질문항목이지만, 양적 변수로 간주해서 각각 평균을 계산하고 있다. 원래 많은 변수로 만들어지는 다원 크로스표를 2차원 크로스표로 가공한 것이므로 사회조사의 개표(個票)에 대응하는 생 데이터로부터는 직접 분석할 수 없지만, 집계 데이터를 간파함으로써 분석을 실행할 수 있다.

| 표 12-7 | 결혼의 긍정적 이미지의 평균점(성별·연령층 그룹별)

	남성 20대 후반	남성 30대 점반	남성 30대 후반	여성 20대 후반	여성 30대 전반	여성 30대 후반
문2_1 적격함에서 해방된다.	2.52	2.66	2.55	2.61	2.61	2.65
문2_2 한 사람보다 두 사람이 살아가는 편이 안심이다	2.90	2.79	2.73	2.90	2.92	2.81
문2_3 좋아하는 사람과 함께 있을 수 있다	3.11	3.03	2.90	3.04	3.13	2.99
문2_4 자신이 살 장소가 정해진다	2.54	2.59	2.32	2.54	2.56	2.60
문2_5 부모로부터 독립할 수 있다	2.44	2.69	2.60	2.53	2.68	2.58
문2_6 자녀를 가질 수 있다	2.92	2.94	2.80	3.02	2.90	2.88
문2_7 인생에 목적을 가질 수 있다	2.68	2.70	2.45	2.62	2.69	2.66
문2_8 가족을 가짐으로써 자신이 성장할 수 있다	2.93	2.92	2.74	2.85	2.95	2.92
문2_9 주위의 친구와 같은 삶의 방식이 가능하다	2.23	2.34	2.19	2.32	2.36	2.31
문2_10 결혼함으로써 한 사람 몫의 어른으로 인정 받는다	2.58	2.59	2.26	2.52	2.56	2.59
문2_11 부모의 기대에 응할 수 있다	2.64	2.59	2.56	2.70	2.67	2.58
문2_12 세대를 이을 수 있다	2.89	2.87	2.67	2.87	2.92	2.83
문2_13 경제적으로 편안해진다	2.34	2.22	2.17	2.30	2.41	2.21
문2_14 가사가 편안해진다	1.90	2.12	1.97	2.03	2.01	2.16
문2_15 병이 날 때 등 마음 든든하다	3.03	3.03	2.82	3.07	3.08	2.98
문2_16 노후에 서로 도와 갈 수 있다	2.96	2.99	2.85	3.02	3.02	2.81

---

13) 혹은 말발굽형 문제, Guttman 효과 등이라고 한다.

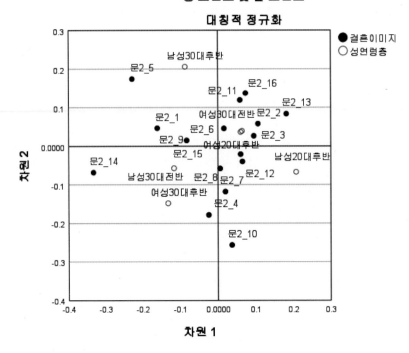

행 포인트 및 열 포인트

대칭적 정규화

5) 응용 예 : 다중회답의 분석

처음에 질문 예로서 열거한 문5는 결혼의 제활동에 대한 다중회답의 질문항목이었다. 이것에 대해서 대응분석을 실행하려면, SPSS에서 다중회답 크로스 집계표를 작성한다. 이 표를 집계 데이터로 읽어 들이면 다중회답의 질문항목에 대해서도 대응분석을 실시할 수 있다.

문5a 결혼활동 : 친구 등에게 이성의 소개를 의뢰
문5b 결혼활동 : 미팅 활동이나 술자리에 참가
문5c 결혼활동 : 단체 미팅에 참가
문5d 결혼활동 : 결혼활동 파티에 참가
문5e 결혼활동 : 매력을 높이기 위해서 멋을 부렸다
문5f 결혼활동 : 독신의 이성이 많은 곳에 갔다
문5g 결혼활동 : 부모, 친척, 상사에게 소개를 의뢰
문5h 결혼활동 : 맞선
문5i 결혼활동 : 인터넷의 결혼활동 사이트를 이용
문5j 결혼활동 : 결혼상담소나 결혼소개 서비스를 이용

| 표 12-8 | 결혼활동에 대한 크로스 집계표

	문5a	문5b	문5c	문5d	문5e	문5f	문5g	문5h	문5i	문5j
문5a	104	78	16	21	27	13	11	9	10	6
문5b	78	120	17	26	27	13	9	8	13	3
문5c	16	17	22	9	6	5	1	3	4	1
문5d	21	26	9	39	9	4	4	8	10	5
문5e	27	27	6	9	39	10	8	7	3	3
문5f	13	13	5	4	10	22	2	1	1	1
문5g	11	9	1	4	8	2	17	9	3	3
문5h	9	8	3	8	7	1	9	18	4	3
문5i	10	13	4	10	3	1	3	4	25	7
문5j	6	3	1	5	3	1	3	3	7	12

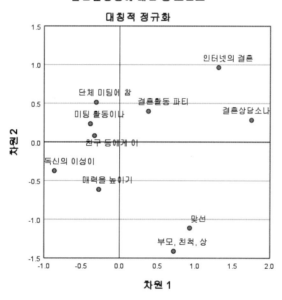

결혼활동행에 대한 행 포인트

대칭적 정규화

이 경우에 행과 열의 범주가 완전히 같으므로, 어느 쪽이든 한쪽의 범주만을 플롯하면 되는 것이다.

6) 다중대응분석(변수가 3개 이상)

다중대응분석은 대응분석을 세 개 이상 질적 변수에 대해서 적용하는 것으로, 그것들로 이루어지는 다차원 공간에 대해서 차원을 축약한다. 다중회답의 질문항목에 이것을 적용하는 경우는 앞 절과 기본적으로 같은 사고방식·표로부터 분석해 가게 되는데, 생 데이터로부터 직접 복수의 더미 변수에 대해서 대응분석이 가능하다. 단, 다중대응분석은 더미 변수에 한하지 않고 일반적인 질적 변수(순서성이 '없다/있다'의 변수)에도 적용할 수 있다.

SPSS에서 다중대응분석을 실행하려면 메뉴에서 [최적화 척도법]으로 실행한다[14).

3   SPSS의 처리 절차

1) 대응분석 : 생 데이터의 분석

|예| 연령층 × 문1의 대응분석.

《순서 1》 메뉴에서 [분석] - [차원축소] - [대응일치분석]을 선택한다.

《순서 2》 [대응일치분석] 대화상자에서 [행]에 'agegroup', [열]에 'q1'을 투입하고 각각의 범위를 지정하기 위해서 [범위지정]을 클릭한다.

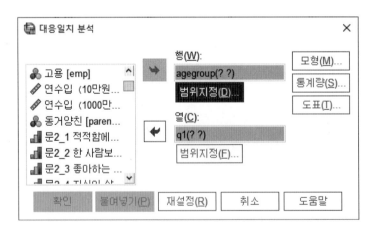

---

14) 노형진, SPSS를 활용한 분할표의 분석 및 대응분석, 학현사, 2011.
　　노형진, SPSS를 활용한 비모수통계분석 및 대응분석, 지필미디어, 2015.

《순서 3》 'agegroup'의 범위지정을 위해서 [행 범위 지정] 대화상자에서 [최소값]에 '1', [최대값]에 '3'을 입력하고, [업데이트]를 클릭한다. [계속]을 클릭한다. 같은 방법으로 'q1'의 범위도 지정한다.

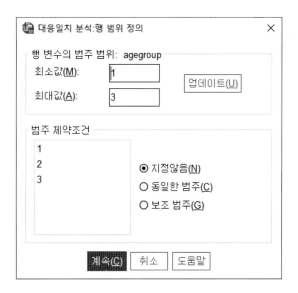

《순서 4》 범위지정이 각각 다음과 같이 되어 있음을 확인한다. [모형]을 클릭한다.

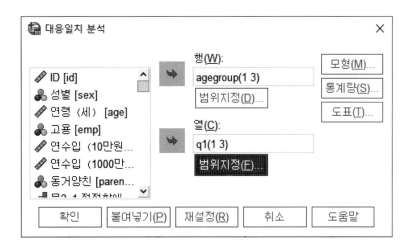

《순서 5》 [모형] 화면에서 다음과 같이 설정되어 있음을 확인한다. [계속]을 클릭한다.

《순서 6》 [통계량]을 클릭하고, 대화상자에서 다음 사항을 체크하고 [계속]을 클릭한다.
[도표]를 클릭한다.

《순서 7》 [도표] 대화상자에서 [산점도]의 모든 항목을 체크하고, [산점도의 ID 레이블 너비]를
'60'으로 넓혀 놓는다. [계속]을 클릭한다. 이어서 [확인]을 클릭한다.

《순서 8》 분석결과의 출력

• 대응일치표

대응일치표

문1 결혼의욕

연령층	가능한 한 빨 리 결혼하고 싶다	곧 결혼하고 싶다	결혼하고 싶다 고는 생각하지 않는다	주변 합
20대 후반	77	77	37	191
30대 전반	88	45	51	184
30대 후반	75	42	69	186
주변 합	240	164	157	561

• 행 프로파일

행 프로파일

문1 결혼의욕

연령층	가능한 한 빨 리 결혼하고 싶다	곧 결혼하고 싶다	결혼하고 싶다 고는 생각하지 않는다	주변 합
20대 후반	.403	.403	.194	1.000
30대 전반	.478	.245	.277	1.000
30대 후반	.403	.226	.371	1.000
매스	.428	.292	.280	

- 열 프로파일

열 프로파일

		문1 결혼의욕		
연령층		가능한 한 빨리 결혼하고 싶다	곧 결혼하고 싶다	결혼하고 싶다고는 생각하지 않는다	매스
20대 후반		.321	.470	.236	.340
30대 전반		.367	.274	.325	.328
30대 후반		.313	.256	.439	.332
주변 합		1.000	1.000	1.000	

- 요약

요약

차원	비정칙값	요약 관성	카이제곱	유의확률	관성비율 설명됨	관성비율 누적	신뢰 비정칙값 표준편차	신뢰 비정칙값 상관관계 2
1	.197	.039			.889	.889	.042	.088
2	.069	.005			.111	1.000	.043	
전체		.044	24.490	.000ᵃ	1.000	1.000		

a. 자유도 4

- 행 포인트 개요

행 포인트 개요ᵃ

연령층	매스	차원의 점수 1	차원의 점수 2	요약 관성	기여도 차원의 관성에 대한 포인트 1	차원의 관성에 대한 포인트 2	포인트의 관성에 대한 차원 1	포인트의 관성에 대한 차원 2	전체
20대 후반	.340	-.593	.104	.024	.607	.053	.989	.011	1.000
30대 전반	.328	.150	-.367	.005	.038	.634	.323	.677	1.000
30대 후반	.332	.460	.256	.015	.356	.313	.902	.098	1.000
전체 합	1.000			.044	1.000	1.000			

a. 대칭적 정규화

- 열 포인트 개요

열 포인트 개요ᵃ

문1 결혼의욕	매스	차원의 점수 1	차원의 점수 2	요약 관성	기여도 차원의 관성에 대한 포인트 1	차원의 관성에 대한 포인트 2	포인트의 관성에 대한 차원 1	포인트의 관성에 대한 차원 2	전체
가능한 한 빨리 결혼하고 싶다	.428	.044	-.304	.003	.004	.568	.056	.944	1.000
곧 결혼하고 싶다	.292	-.605	.198	.022	.543	.165	.964	.036	1.000
결혼하고 싶다고는 생각하지 않는다	.280	.565	.258	.019	.453	.267	.932	.068	1.000
전체 합	1.000			.044	1.000	1.000			

a. 대칭적 정규화

• 행 포인트 및 열 포인트(Bi-플롯)

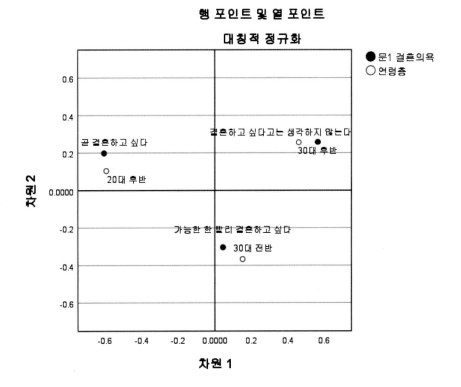

행 변수와 열 변수의 범주가 동시에 배치되고 있다.

2) 대응분석 : 집계 데이터의 분석

|예| 연령층 × 문1의 대응분석

표 12-6이나 표 12-7과 같이, 생 데이터로부터는 대응분석에서 다룰 수 없는, 혹은 생 데이터로부터는 직접 출력할 수 없는 크로스 집계표를 분석할 수 있는 것이 대응분석의 흥미로운 점이다. 그런데 이 경우에는 조금 궁리가 필요하다.

집계가 끝난 크로스 집계표를 분석할 때와 마찬가지로 행·열·도수의 형식으로 데이터를 입력하고, 데이터 편집기의 변수보기에서 변수 [레이블]·변수값 설명 [값]을 매긴다.

다음과 같은 크로스표(분할표)를 분석대상으로 한다.

대응일치표

연령층	문1 결혼의욕			
	가능한 한 빨리 결혼하고 싶다	곧 결혼하고 싶다	결혼하고 싶다고는 생각하지 않는다	주변 합
20대 후반	77	77	37	191
30대 전반	88	45	51	184
30대 후반	75	42	69	186
주변 합	240	164	157	561

다음과 같이 데이터를 입력한다. 이때, '사람수'는 빈도변수 지정을 해 놓는다.

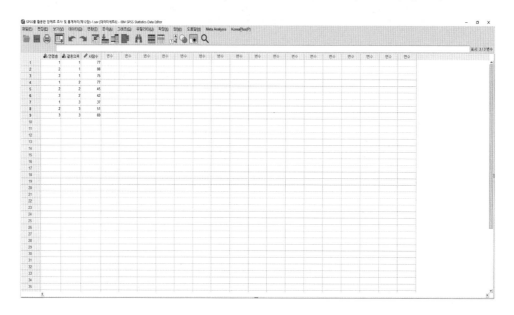

《순서 1》 메뉴에서 [데이터] - [가중 케이스]를 선택한다. [가중 케이스 지정]에 체크하고 '사람수'를 [빈도변수]로 이동한 다음에 [확인]을 클릭한다.

《순서 2》 메뉴에서 [분석] - [차원축소] - [대응일치분석]을 선택한다. [행]에 '연령층', [열]에 '결혼의욕'을 투입하고 각각 범위지정을 위해서 [범위지정]을 클릭하고 범위를 입력한다.

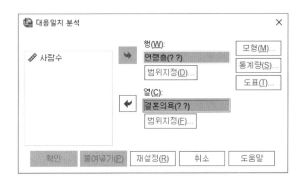

《순서 3》 [행 범위 정의] 대화상자에서 다음과 같이 입력하고 [업데이트]를 클릭한다.

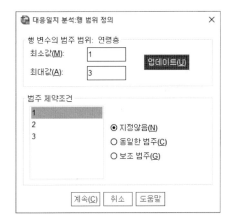

《순서 4》 같은 방법으로 [열]의 '결혼의욕'에 대해서도 범위지정을 한다. 화면이 다음과 같이 되어 있는 것을 확인한다. [확인]을 클릭한다.

《순서 5》 분석결과의 출력

요약

차원	비정칙값	요약 관성	카이제곱	유의확률	관성비율 설명됨	관성비율 누적	신뢰 비정칙값 표준편차	상관관계 2
1	.197	.039			.889	.889	.042	.088
2	.069	.005			.111	1.000	.043	
전체		.044	24.490	.000[a]	1.000	1.000		

a. 자유도 4

행 포인트 및 열 포인트

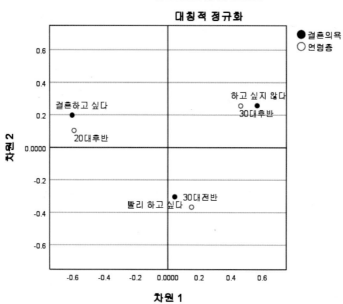

대칭적 정규화

분할표로 표현되는 자료의 행과 열 범주를 저차원 공간상(2차원)의 점들로 동시에 나타내어, 그들의 관계를 탐구하려는 탐색적 자료분석 기법에 대응분석이 있는데, 여기에는 다음과 같은 두 가지 유형이 있다.

- 단순대응분석 : 행과 열 범주를 나타내는 변수가 둘뿐인 이원 분할표의 대응분석
- 다중대응분석 : 범주를 나타내는 변수가 두 개인 이변량 대응분석을 포함하여 변수가 셋 이상인 다원분할표의 대응분석

생전의 하야시 치키오와 벤제크리

Chapter 13

비모수적 검정

Chapter 13
비모수적 검정

　　그룹 간의 차이 검정

　　제7장의 앙케트 조사표 No.3에 있는 항목 2.1의 '전직희망'에서 전직하고 싶다고 생각하는 그룹과 전직하고 싶다고 생각하지 않는 그룹 사이에서는 항목 2.2의 '능력주의' "자신의 능력을 살리고 싶다"라고 하는 항목에 관해서 차이가 있을까?

　　전직하고 싶다고 생각하는 사람일수록 자신의 능력을 살리고 싶다고 생각하고 있을까?

항목 2.1　**귀하는 장래 전직하고 싶다고 생각하십니까?**　　　　　　　　　　　**[전직희망]**

　　　1. 생각한다　　　　　　　　　　　　2. 생각하지 않는다

항목 2.2　**귀하는 회사선택에 있어서 이하의 조건을 어느 정도 중시하십니까?**

	중시하지 않는다	별로 중시하지 않는다	약간 중시한다	중시한다	
(7) 자신의 능력을 살릴 수 있을 것	1	2	3	4	(능력주의)

　　이와 같은 때는 비모수적 검정을 실시해 보자.

　　비모수적 검정에는

- Mann-Whitney의 검정 ·················· 그룹 간에 대응 없음
- Kruskal-Wallis의 검정 ················· 그룹 간에 대응 없음
- Wilcoxon의 부호순위검정 ·············· 그룹 간에 대응 있음

등이 있다.

여기에서는 항목 2.1의 '전직희망'이 전직하고 싶다고 생각하는 그룹과 전직하고 싶다고 생각하지 않는 그룹과 같이 대응(對應)이 없는 두 개의 그룹으로 나누어져 있으므로, Mann-Whitney의 검정을 실시해 보자. 이 검정의 가설은

$$\text{귀무가설 } H_0 : \text{두 개의 그룹은 같다}$$

$$\text{대립가설 } H_1 : \text{두 개의 그룹은 다르다}$$

가 된다.

세 개 이상의 그룹 간 차의 검정을 실시하고 싶을 때는, Kruskal-Wallis의 검정을 실시한다. 대응이 없는 그룹의 경우 그룹 간의 조사회답자는 다른 사람이다.

반면에 대응이 있는 그룹의 경우 그룹 간의 조사회답자는 같은 사람이다.

Hint

모수적 검정과 비모수적 검정

가설검정에서 계량치의 경우에는 정규분포를 가정해서 이론이 구축되어 있는 방법이 많고, 계수치의 경우에는 이항분포나 포아송분포가 가정되고 있다. 정규분포를 가정한 검정과 같이 어떤 특정의 분포를 가정한 검정을 모수적 검정(parametric test)이라고 부르고 있다. 이것에 비해서 정규분포와 같은 특정의 분포를 가정하지 않는 검정을 비모수적 검정(nonparametric test)이라고 부른다.

---

2 비모수적 검정의 실제

그룹이 두 개로 나누어져 있으므로, Mann-Whitney의 검정을 실시하기로 한다.

《순서 1》 데이터의 입력

　　<표 7-1>의 데이터를 입력한다.

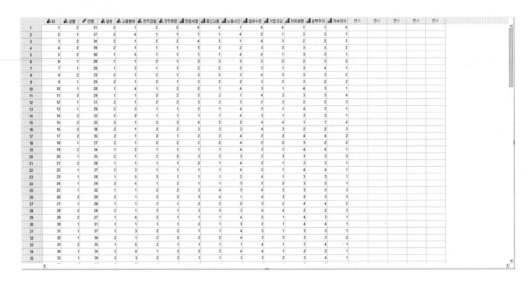

《순서 2》 분석수법의 선택

　　(1) 메뉴에서 [분석] - [비모수검정] - [독립표본]을 선택한다.

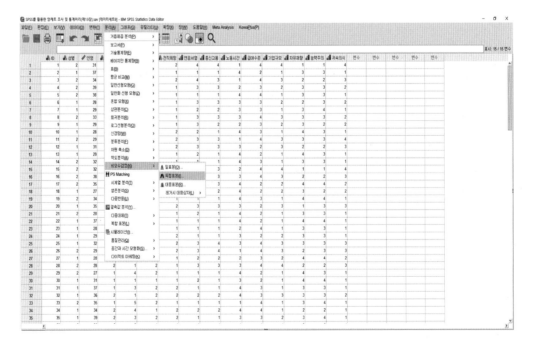

(2) 다음 화면에서 [사용자 정의에 의한 분석]을 선택한다. 그리고 [필드] 탭을 클릭한다.

(3) 다음 화면이 되면, 능력주의, 자유재량, 급여수준을 [검정 필드]로, 전직희망을 [집단]으로 이동한다. [필드]의 [정렬]에 [문자숫자형]을 선택한다. [설정] 탭을 클릭한다.

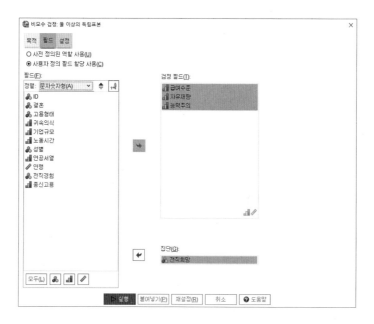

(4) 다음 화면이 되면, [사용자 정의에 의한 검정]을 클릭한 다음 [Mann-Whitney의 U(2 표본)]을 체크한다. 마지막으로 [실행]을 클릭한다.

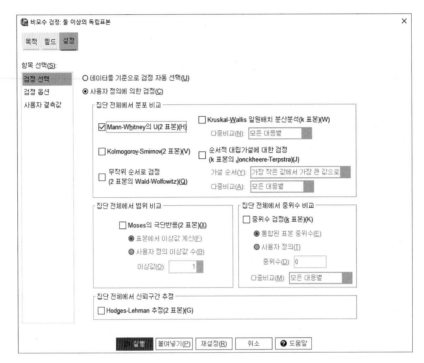

(주) Mann-Whitney의 검정과 Wilcoxon의 순위합검정은 같은 검정결과가 된다.

🔄 분석결과

가설검정 요약

	영가설	검정	유의확률[a,b]	의사결정
1	급여수준의 분포는 전직희망의 범주 전체에서 등일합니다.	독립표본 Mann-Whitney의 U 검정	.008	영가설을 기각합니다.
2	자유재량의 분포는 전직희망의 범주 전체에서 등일합니다.	독립표본 Mann-Whitney의 U 검정	.000	영가설을 기각합니다.
3	능력주의의 분포는 전직희망의 범주 전체에서 등일합니다.	독립표본 Mann-Whitney의 U 검정	.012	영가설을 기각합니다.

a. 유의수준은 .050입니다.

b. 근사 유의확률이 표시됩니다.

위 표의 각 행을 더블클릭하면 다음과 같은 표가 나타난다.

독립표본 Mann-Whitney의 U 검정 요약

전체 N	100
Mann-Whitney의 U	900.000
Wilcoxon의 W	2331.000
검정 통계량	900.000
표준오차	137.036
표준화된 검정 통계량	-2.521
근사 유의확률(양측검정)	.012

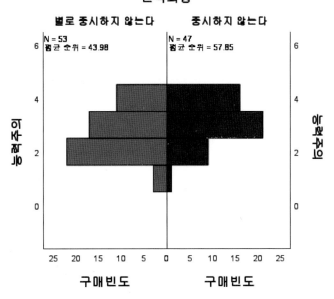

독립표본 Mann-Whitney의 U 검정
전직희망

능력주의의 유의확률 0.012 ≤ 유의수준 0.05이므로, 귀무가설 H_0는 기각된다.

다시 말하면, "전직하고 싶다고 생각하는 그룹과 전직하고 싶다고 생각하지 않는 그룹 사이에서는, 자신의 능력을 살리고 싶다고 하는 생각에 차가 있다"라고 하는 것을 알았다.

[자유재량]

독립표본 Mann-Whitney의 U 검정 요약

전체 N	100
Mann-Whitney의 U	748.000
Wilcoxon의 W	2179.000
검정 통계량	748.000
표준오차	137.455
표준화된 검정 통계량	-3.619
근사 유의확률(양측검정)	.000

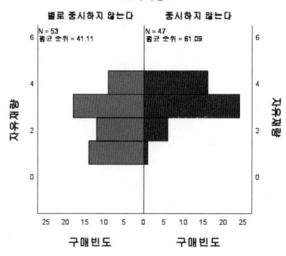

독립표본 Mann-Whitney의 U 검정

전직희망

[급여수준]

독립표본 Mann-Whitney의 U 검정 요약

전체 N	100
Mann-Whitney의 U	1610.500
Wilcoxon의 W	3041.500
검정 통계량	1610.500
표준오차	137.107
표준화된 검정 통계량	2.662
근사 유의확률(양측검정)	.008

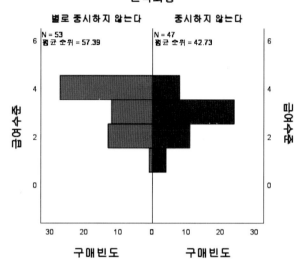

독립표본 Mann-Whitney의 U 검정

전직희망

별로 중시하지 않는다　　　중시하지 않는다

여성의 그룹과 남성의 그룹 사이에서는 능력주의에 대한 생각에 차가 있는지 어떤지 검정해 보자.

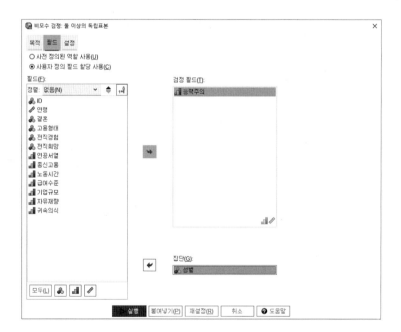

독립표본 Mann-Whitney의 U 검정 요약

전체 N	100
Mann-Whitney의 U	1090.500
Wilcoxon의 W	2575.500
검정 통계량	1090.500
표준오차	136.843
표준화된 검정 통계량	-1.107
근사 유의확률(양측검정)	.268

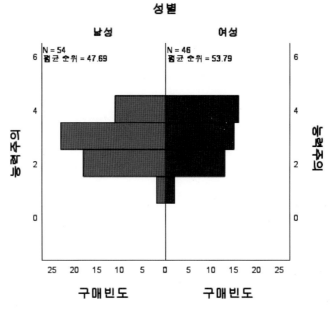

유의확률 0.268 ≥ 유의수준 0.05이므로, 귀무가설 H_0는 기각되지 않는다. 즉, 여성의 그룹과 남성의 그룹 사이에서는 능력주의에 대한 생각에 차가 없다.

미혼 그룹과 결혼 그룹 사이에서는 급여수준에 대한 생각에 차가 있는지 어떤지 검정해 보자.

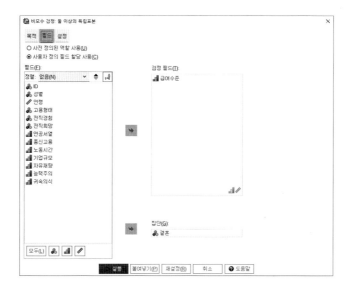

독립표본 Mann-Whitney의 U 검정 요약

전체 N	100
Mann-Whitney의 U	1438.500
Wilcoxon의 W	2816.500
검정 통계량	1438.500
표준오차	137.244
표준화된 검정 통계량	1.388
근사 유의확률(양측검정)	.165

독립표본 Mann-Whitney의 U 검정

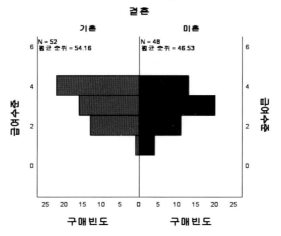

유의확률 0.165 ≥ 유의수준 0.05이므로, 귀무가설 H_0는 기각되지 않는다. 즉, 미혼 그룹과 결혼 그룹 사이에서는 급여수준에 대한 생각에 차가 없다.

전직경험이 있는 그룹과 없는 그룹 사이에서는 능력주의에 대한 생각에 차가 있는지 어떤지 검정해 보자.

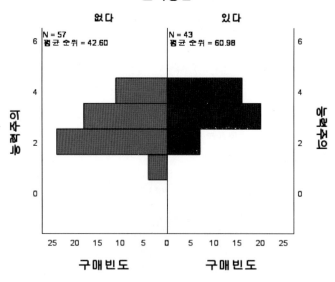

독립표본 Mann-Whitney의 U 검정 요약

전체 N	100
Mann-Whitney의 U	775.000
Wilcoxon의 W	2428.000
검정 통계량	775.000
표준오차	135.931
표준화된 검정 통계량	-3.314
근사 유의확률(양측검정)	.001

유의확률 0.001 ≤ 유의수준 0.05이므로, 귀무가설 H_0는 기각된다. 즉, 전직경험이 있는 그룹과 없는 그룹 사이에서는 능력주의에 대한 생각에 차가 있다.

전직경험이 있는 그룹과 없는 그룹 사이에서는 급여수준에 대한 생각에 차가 있는지 어떤지 검정해 보자.

독립표본 Mann-Whitney의 U 검정 요약

전체 N	100
Mann-Whitney의 U	1585.000
Wilcoxon의 W	3238.000
검정 통계량	1585.000
표준오차	136.001
표준화된 검정 통계량	2.643
근사 유의확률(양측검정)	.008

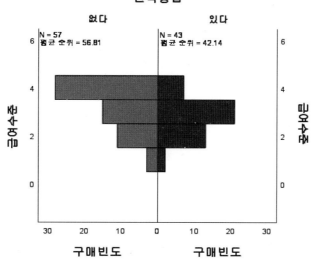

독립표본 Mann-Whitney의 U 검정
전직경험

유의확률 0.008 ≤ 유의수준 0.05이므로, 귀무가설 H_0는 기각된다. 즉, 전직경험이 있는 그룹과 없는 그룹 사이에서는 급여수준에 대한 생각에 차가 있다.

전직경험이 있는 그룹과 없는 그룹 사이에서는 자유재량에 대한 생각에 차가 있는지 어떤지 검정해 보자.

독립표본 Mann-Whitney의 U 검정 요약

전체 N	100
Mann-Whitney의 U	757.000
Wilcoxon의 W	2410.000
검정 통계량	757.000
표준오차	136.347
표준화된 검정 통계량	-3.436
근사 유의확률(양측검정)	.001

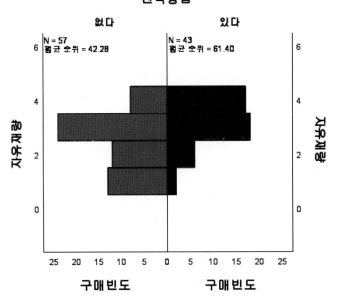

유의확률 0.001 ≤ 유의수준 0.05이므로, 귀무가설 H_0는 기각된다. 즉, 전직경험이 있는 그룹과 없는 그룹 사이에서는 자유재량에 대한 생각에 차가 있다.

SPSS를 활용한
앙케트 조사 및
통계처리

요인분석과
항목분석

Chapter 14
요인분석과 항목분석

1 분석의 배경

🌀 **교실에서**

"어이, 요인분석 우리 해 본 적 있지?"

다음 수업이 시작하기 전에 교실에서 김철수가 정보람에게 말을 걸었다.

"응, 통계학 수업에서도 했고, 경영자료분석 시간에서도 했지"

"그렇지. 해본 기억은 있는데 말이야 …"

"최근에 모처럼 여러 가지 분석을 할 기회가 있어서 공부했는데, 잊어버렸어?" 보람이 놀리듯이 말했다.

"분산분석이라든가 t검정이라든가 하는 것은 해 봤지만, 요인분석은 지금까지 수업 이외에서는 해 보지 않았잖아" 철수도 마치 변명하듯이 말대꾸한다.

"요인분석이란 여러 변수의 배후에 뭔가 눈에 보이지 않는 변수를 가정하는 분석이잖아"

"눈에 보이지 않는 변수?"

"그래. 확실히 공통요인이라고 했어. 변수의 배후에 몇 개의, 어떠한 내용의 공통요인이 있는지를 찾는 거지"

"그것은 측정되어 있지 않은 변수를 말하는 것이네"

"응. 그 요인분석에서 복수의 변수가 몇 개의 범주로 나누어지는지를 검토하는 것이지만, 이것은 요인분석을 응용하고 있다고도 할 수 있지"

"본래는 공통요인을 찾아내고자 하는 것이잖아"

"그렇다고 할 수 있지만, 예를 들면 열두 개 변수의 배후에 세 개의 공통요인이 있다고 하는 결과는 열두 개의 변수가 세 개의 그룹으로 나눠진다고도 할 수 있지"

"아, 그런가. 열두 개 변수의 배후에 세 개의 공통요인이 있다고 하는 것은 열두 개의 변수가 네 개, 네 개, 네 개의 세 그룹으로 된다고도 할 수 있다 이거지"

"잘 균등하게 나누어지면 말이지. 어쩌면 여섯 개, 세 개, 세 개일지도 모르지"

"그거야 해 보지 않으면 알 수 없다는 거겠지"

"응. 분석해 보지 않으면 몇 개의 공통요인을 발견할 수 있는지를 정해 놓지 않는 요인분석의 방식을 탐색적 요인분석이라고 하는 것 같아. 그에 비해서 분석 전에 '몇 개의 공통요인이 있다'고 가설을 세워 두는 경우도 있지. 그것을 확인적 요인분석이라고 한다거나 검증적 요인분석이라고 하기도 하지"

"와. 대단하네. 전문가 수준이구만"

"이제 막 공부를 시작한 거라서 아직 이해 못 하는 것도 많거든 …" 겸손해 하면서 보람은 대답했다.

"그런데 이 데이터 말인데, 좀 봐 줘" 철수는 그렇게 말하고 출력한 데이터를 보람에게 보여 주었다.

"어떤 내용인데?"

"사회적 행동의 하나로, 뒤돌아보지 않고 다른 사람을 위해서 행동을 하는 것을 말하는데, 지금 세상에서 남을 위해서 뭔가 하려고 생각해도 주저하는 경우가 많잖아. 그러한 사회적 행동에 대한 저항감을 측정하는 척도를 만들어 보았거든"

"와. 그 저항감을 측정하기 위한 척도를 새로 만들었다고?" 보람이 감동한 모습으로 말한다.

"항목은 이러한 내용이야" 철수는 그렇게 말하고, 다시 한 장의 종이를 꺼내서 보람에게 건넸다.

"… 내용은, 정말로 사회적 행동이라는 느낌이 드네. 이 항목에 어떻게 대답하지?"

"먼저 '다음 항목 각각에 대해서 귀하는 어느 정도 저항감을 느낍니까?' 하고 묻는 거야. 그리고 '느끼지 않는다'를 0점으로 하고, '대단히 느낀다'의 3점까지 4단계로 회답하게 하는 거지"

"음. 그 말은 점수가 높을수록 저항감을 느낀다는 것을 의미하는 것이네"

"그렇지. 이 데이터는 대학생 70명에게 이 척도를 회답하게 해서 받은 거야. 먼저 어떤 분석을 하면 좋을까?"

"음 …. 우선은 각각의 항목에 대해서 점수분포를 확인한다거나, 평균이나 표준편차 등의 기술통계량을 내 보는 것이 좋지 않을까"

"역시 그렇겠지. 그 다음에 요인분석인가?"

"그래. 너무 점수분포가 치우쳐 있는 항목을 그대로 요인분석해 버리는 것은 재미없을지도 모르지만 …"

"좋아. 자 그럼 그 순서로 해 볼까. 이 수업이 끝나면 컴퓨터실 같이 안 가겠어?"

이들이 해결하고자 하는 문제에 대한 조사 데이터는 다음의 <표 14-1>과 같다.

| 표 14-1 | 데이터표

No	P01	P02	P03	P04	P05	P06	P07	P08	P09	P10	P11	P12	P13	P14	P15	P16	P17	P18	P19	P20	P21	P22	P23	P24	P25	P26
1	0	0	1	1	1	0	0	1	2	2	0	0	1	0	0	1	1	1	2	0	3	2	0	1	0	0
2	1	0	2	1	1	1	0	0	1	1	0	0	0	0	0	0	1	1	2	1	1	0	1	2	1	1
3	0	0	0	1	1	1	0	1	1	1	1	0	1	0	1	0	0	0	0	2	3	0	0	3	0	3
4	1	0	0	1	0	1	0	2	2	2	0	0	0	0	2	0	1	1	1	0	2	2	1	1	0	0
5	0	0	0	0	0	0	0	0	1	1	0	0	0	0	0	0	1	0	0	0	0	0	2	0	1	1
6	1	1	3	1	3	3	1	3	3	3	3	1	0	3	3	3	3	2	3	1	3	3	1	3	0	3
7	0	0	0	0	0	1	0	0	0	0	0	0	0	0	1	0	1	0	0	0	0	1	0	0	0	1
8	0	0	0	0	0	0	0	0	0	0	0	0	0	0	0	0	1	0	0	0	1	1	0	0	0	0
9	0	0	0	1	0	0	0	0	0	0	0	0	0	0	1	0	0	0	0	1	1	0	0	0	0	0
10	2	0	0	1	2	3	0	0	1	1	0	0	0	1	0	1	2	1	1	0	1	0	0	1	0	1
⋮	⋮	⋮	⋮	⋮	⋮	⋮	⋮	⋮	⋮	⋮	⋮	⋮	⋮	⋮	⋮	⋮	⋮	⋮	⋮	⋮	⋮	⋮	⋮	⋮	⋮	⋮
61	0	0	0	0	1	0	0	0	1	0	0	0	0	0	0	0	2	0	1	0	1	0	2	0	0	1
62	1	0	0	1	0	0	0	0	2	1	0	0	0	0	2	0	0	3	2	0	1	2	0	0	0	0
63	0	0	0	0	0	1	0	1	1	1	0	1	0	0	0	0	1	0	1	0	0	0	0	0	0	0
64	0	0	0	2	1	1	0	1	2	2	1	0	0	1	0	0	1	1	2	1	3	1	0	0	0	0
65	0	0	1	1	0	0	0	1	1	1	0	0	0	0	1	0	0	0	2	2	1	1	0	1	0	1
66	0	0	0	1	0	1	0	2	2	0	0	1	0	1	2	1	2	0	2	2	1	1	0	0	0	0
67	2	1	1	3	0	0	0	2	1	1	0	0	0	1	3	2	3	1	2	2	2	2	3	0	1	1
68	0	0	0	0	0	0	1	0	0	0	0	0	1	0	3	0	1	0	1	0	0	0	0	0	0	0
69	0	0	0	0	1	2	0	0	0	0	1	0	2	0	0	0	0	2	0	0	1	0	0	1	0	0
70	1	0	1	1	0	0	0	2	1	1	0	1	1	2	3	1	3	2	1	0	3	2	0	0	0	1

(데이터는 제14장 데이터 파일에 수록되어 있음)

▶ 조사항목

P01 : 공중화장실이나 공원 등의 수도물을 잠근다

P02 : 친한 사람에게 샤프펜을 빌려 준다

P03 : 친한 사람에게 강의 노트를 보여 준다

P04 : 미아를 경찰서에 데리고 간다

P05 : 감기로 쉬고 있는 친한 사람에게 전화로 중대한 연락을 한다

P06 : 부재중인 친한 사람의 집에 온 짐을 보관한다

P07 : 친한 사람을 위해서 프린트를 받아 둔다

P08 : 길가의 휴지를 줍는다

P09 : 파출소에 분실물을 신고한다

P10 : 낯선 사람이 쓰러져 있으면 구급차를 부른다

P11 : 친한 사람에게 과제의 오류를 가르쳐 준다

P12 : 친한 사람이 둔 가방이 쓰러져 있으면 세워 놓는다

P13 : 입원해 있는 사람에게 격려의 메일을 보낸다

P14 : 모르는 사람을 위해서 엘리베이터 버튼을 대신 누른다

P15 : 자전거 보관소에 쓰러져 있는 자전거를 세워 놓는다

P16 : 친한 사람이 잔돈이 없을 때 빌려 준다

P17 : 친한 사람이 강의중에 자고 있으면 깨운다

P18 : 모금을 한다

P19 : 전차나 버스에서 모르는 사람에게 자리를 양보한다

P20 : 친한 사람의 고민상담에 응한다

P21 : 모르는 사람의 무거운 짐을 거들어 준다

P22 : 점자 블록 위에 있는 것을 치운다

P23 : 모르는 사람이 시간을 물으면 가르쳐 준다

P24 : 전화로 친한 사람에게 부탁을 받으면 그에 응한다

P25 : 자기 뒤에 있는 모르는 사람을 위해서 문을 열어 준다

P26 : 친한 사람의 수업 과제를 도와 준다

▶ 4단계 척도

0점 : 느끼지 않는다

1점 : 별로 느끼지 않는다

2점 : 조금 느낀다

3점 : 대단히 느낀다

---

2 분석순서

평균/표준편차/도수분포표

[SPSS의 처리 절차]

《순서 1》 데이터의 입력

(1) 먼저 [변수 보기]에서 다음과 같이 변수를 입력하고 정의한다.

(2) [데이터 보기]를 열어 <표 14-1>의 데이터를 입력한다.

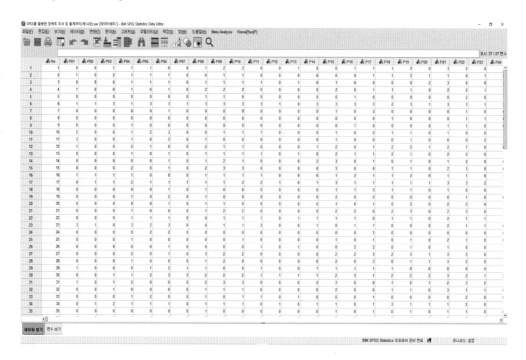

《순서 2》분석 수법의 선택

메뉴에서 [분석]-[기술통계학]-[빈도분석]을 선택한다.

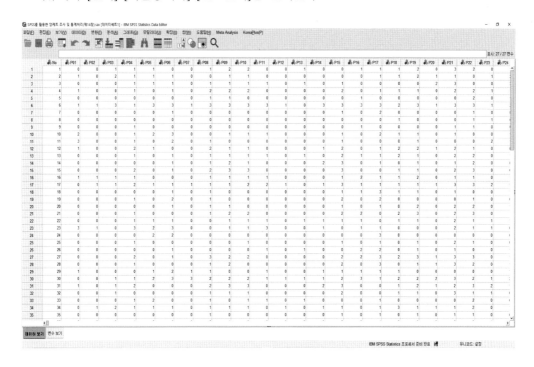

《순서 3》변수의 선택

[변수]에 'P01'부터 'P26'까지 지정하고, [빈도표 표시]에 체크되어 있는 것을 확인한다.
[통계량]을 클릭한다.

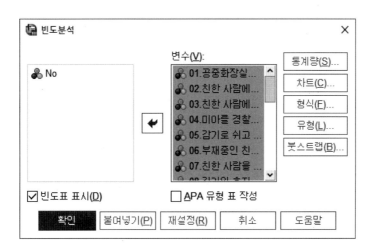

《순서 4》 통계량의 선택

　　[중심경향]의 [평균]에 체크한다.

　　[산포도]의 [표준편차], [최소값], [최대값]에 체크한다. [계속]을 클릭한다.

《순서 5》 차트의 선택

　　[차트]를 클릭한다. [차트 유형]에서 [히스토그램]을 선택한다.

　　[히스토그램에 정규곡선 표시]에 체크한다. [계속]을 클릭한다.

《순서 6》 형식의 선택

[형식]을 클릭한다. [다중 변수]에서 [각 변수별로 출력결과를 나타냄]을 선택한다.
[계속]을 클릭한다. 이어서 [확인]을 클릭한다.

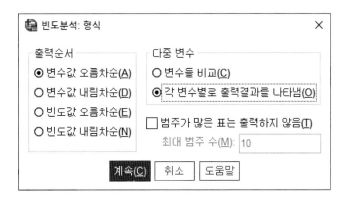

[분석결과]

▶ 01. 공중화장실이나 공원 등의 수도물을 잠근다

통계량

01.공중화장실이나 공원 등의 수도물을 잠근다

N	유효	70
	결측	0
평균		.37
표준화 편차		.745
최소값		0
최대값		3

01.공중화장실이나 공원 등의 수도물을 잠근다

		빈도	퍼센트	유효 퍼센트	누적 퍼센트
유효	0	52	74.3	74.3	74.3
	1	13	18.6	18.6	92.9
	2	2	2.9	2.9	95.7
	3	3	4.3	4.3	100.0
	전체	70	100.0	100.0	

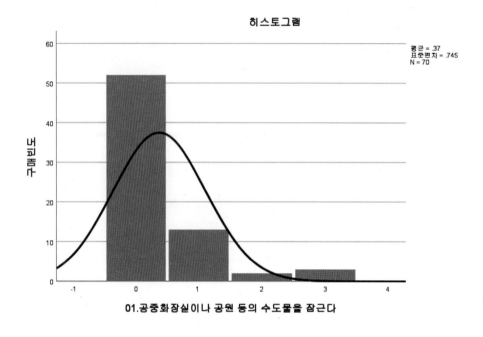

히스토그램

01.공중화장실이나 공원 등의 수도물을 잠근다

평균 = .37
표준편차 = .745
N = 70

- 통계량

  평균 0.37, 표준편차 0.745, 최소값 0, 최대값 3

  점수범위가 0에서 3으로 평균이 0.37이라고 하는 것은 대단히 낮다고 할 수 있다.

- 도수분포표

  0을 선택한 사람이 74.3%로 압도적으로 많다는 것을 알 수 있다.

- 히스토그램

  왼쪽으로 치우치고 오른쪽으로 꼬리를 가진 그래프로 되어 있다.

▶ 02. 친한 사람에게 샤프펜을 빌려 준다

통계량

02.친한 사람에게 샤프펜을 빌려 준다

N	유효	70
	결측	0
평균		.09
표준화 편차		.282
최소값		0
최대값		1

02.친한 사람에게 샤프펜을 빌려 준다

		빈도	퍼센트	유효 퍼센트	누적 퍼센트
유효	0	64	91.4	91.4	91.4
	1	6	8.6	8.6	100.0
	전체	70	100.0	100.0	

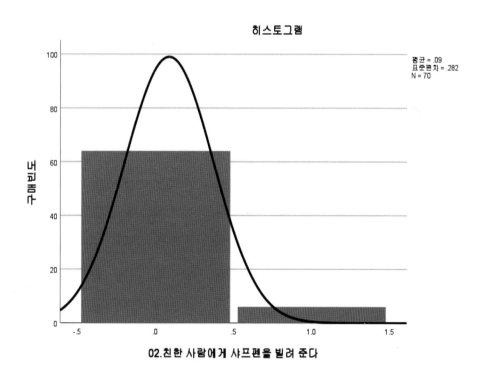

히스토그램

평균 = .09
표준편차 = .282
N = 70

02.친한 사람에게 샤프펜을 빌려 준다

- 통계량

  평균 0.09, 표준편차 0.282, 최소값 0, 최대값 1

  가능한 점수범위는 0에서 3이지만, 0과 1밖에 선택되고 있지 않다.

- 도수분포표

  0을 선택한 사람이 91.4%로 압도적으로 많다는 것을 알 수 있다.

- 히스토그램

  0과 1밖에 선택하는 사람이 없으므로, 기둥이 두 개뿐인 그래프가 된다.

▶ 03. 친한 사람에게 강의 노트를 보여 준다

통계량

03.친한 사람에게 강의 노트를 보여 준다

N	유효	70
	결측	0
평균		.27
표준화 편차		.588
최소값		0
최대값		3

03.친한 사람에게 강의 노트를 보여 준다

		빈도	퍼센트	유효 퍼센트	누적 퍼센트
유효	0	55	78.6	78.6	78.6
	1	12	17.1	17.1	95.7
	2	2	2.9	2.9	98.6
	3	1	1.4	1.4	100.0
	전체	70	100.0	100.0	

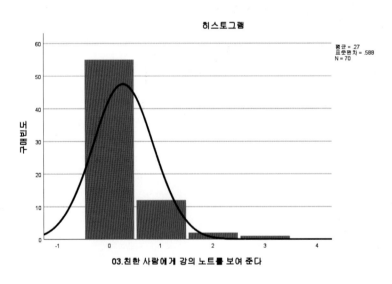

히스토그램

- 통계량

  평균 0.27, 표준편차 0.588, 최소값 0, 최대값 3

  역시 평균은 대단히 낮다고 할 수 있다.

- 도수분포표

  0을 선택한 사람이 78.6%, 1을 선택한 사람이 17.1%, 2를 선택한 사람이 2.9%, 3을 선택한 사람은 한 사람밖에 없다.

- 히스토그램

  역시 왼쪽으로 치우치고 오른쪽으로 꼬리를 가진 그래프로 되어 있는 것을 알 수 있다.

그 밖의 다른 항목도 비슷한 분포를 보이는데, 조금 다른 점수분포를 보이는 항목을 찾아보기로 한다.

▶ 15. 자전거 보관소에 쓰러져 있는 자전거를 세워 놓는다

통계량

15.자전거 보관소에 쓰러져 있는 자전거를 세워 놓는다

N	유효	70
	결측	0
평균		1.29
표준화 편차		1.038
최소값		0
최대값		3

15.자전거 보관소에 쓰러져 있는 자전거를 세워 놓는다

		빈도	퍼센트	유효 퍼센트	누적 퍼센트
유효	0	20	28.6	28.6	28.6
	1	20	28.6	28.6	57.1
	2	20	28.6	28.6	85.7
	3	10	14.3	14.3	100.0
	전체	70	100.0	100.0	

- 통계량

  평균 1.29, 표준편차 1.038, 최소값 0, 최대값 3

  점수범위가 0에서 3이라고 하는 것은 이론적인 중앙값은 1.5이다. 평균이 1.29라고 하는 것은 다른 항목에 비해서 그 값에 가깝다고 할 수 있을 것이다.

- 도수분포표

  0, 1, 2를 선택한 사람이 각각 20명(28.6%)씩 같다. 3을 선택한 사람이 10명(14.3%)이다.

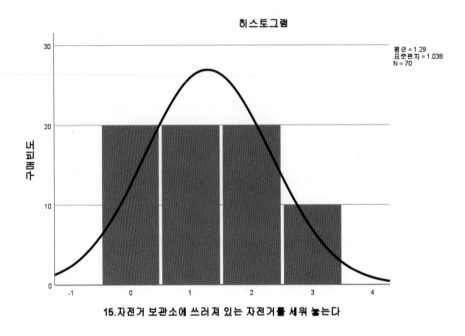

15.자전거 보관소에 쓰러져 있는 자전거를 세워 놓는다

- 히스토그램

  0, 1, 2가 같은 수이므로 같은 높이의 그래프로 되어 있다.

▶ 19. 전차나 버스에서 모르는 사람에게 자리를 양보한다

통계량

19.전차나 버스에서 모르는 사람에게 자리를 양보한다

N	유효	70
	결측	0
평균		1.10
표준화 편차		.919
최소값		0
최대값		3

19.전차나 버스에서 모르는 사람에게 자리를 양보한다

		빈도	퍼센트	유효 퍼센트	누적 퍼센트
유효	0	21	30.0	30.0	30.0
	1	26	37.1	37.1	67.1
	2	18	25.7	25.7	92.9
	3	5	7.1	7.1	100.0
	전체	70	100.0	100.0	

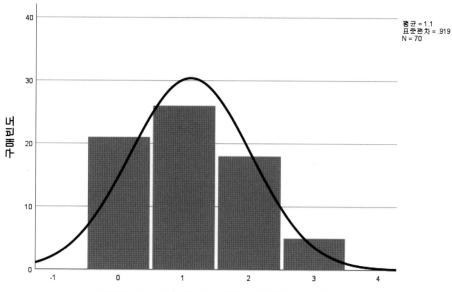

- 통계량

  평균 1.10, 표준편차 0.919, 최소값 0, 최대값 3

  역시 평균은 약간 낮은데, 1과 2 사이이다.

- 도수분포표

  0을 선택한 사람이 30.0%, 1을 선택한 사람이 37.1%, 2를 선택한 사람이 25.7%, 3을 선택한 사람은 7.1%이다.

- 히스토그램

  선택지 1이 가장 빈도가 많은 그래프로 되어 있다.

▶ 21. 모르는 사람의 무거운 짐을 거들어 준다

통계량

21.모르는 사람의 무거운 짐을 거들어 준다

N	유효	70
	결측	0
평균		1.51
표준화 편차		1.032
최소값		0
최대값		3

21.모르는 사람의 무거운 짐을 거들어 준다

		빈도	퍼센트	유효 퍼센트	누적 퍼센트
유효	0	14	20.0	20.0	20.0
	1	20	28.6	28.6	48.6
	2	22	31.4	31.4	80.0
	3	14	20.0	20.0	100.0
	전체	70	100.0	100.0	

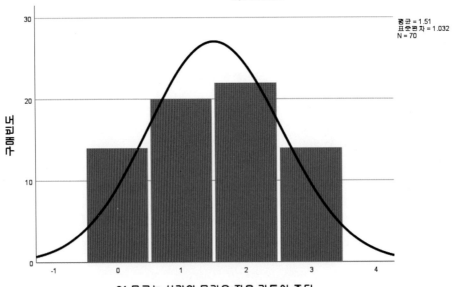

히스토그램

평균 = 1.51
표준편차 = 1.032
N = 70

21.모르는 사람의 무거운 짐을 거들어 준다

- 통계량

  평균 1.51, 표준편차 1.032, 최소값 0, 최대값 3

  평균은 취할 수 있는 점수범위 0에서 3의 거의 중앙으로 되어 있다.
- 도수분포표

  2를 선택한 사람이 가장 많아 31.4%를 차지한다.
- 히스토그램

  1과 2를 선택한 사람이 많고, 중앙이 솟아오른 그래프로 되어 있다는 것을 알 수 있다.

▶ 22. 점자 블록 위에 있는 것을 치운다

통계량

22.점자 블록 위에 있는 것을 치운다

N	유효	70
	결측	0
평균		1.27
표준화 편차		1.020
최소값		0
최대값		3

22.점자 블록 위에 있는 것을 치운다

		빈도	퍼센트	유효 퍼센트	누적 퍼센트
유효	0	20	28.6	28.6	28.6
	1	20	28.6	28.6	57.1
	2	21	30.0	30.0	87.1
	3	9	12.9	12.9	100.0
	전체	70	100.0	100.0	

- 통계량

  평균 1.27, 표준편차 1.020, 최소값 0, 최대값 3

  평균은 취할 수 있는 점수범위 0에서 3의 중앙에서 약간 왼쪽으로 치우쳐 있다.
- 도수분포표

  2를 선택한 사람이 가장 많아 30.0%를 차지하고 0, 1을 선택한 사람이 28.6%를 차지한다.

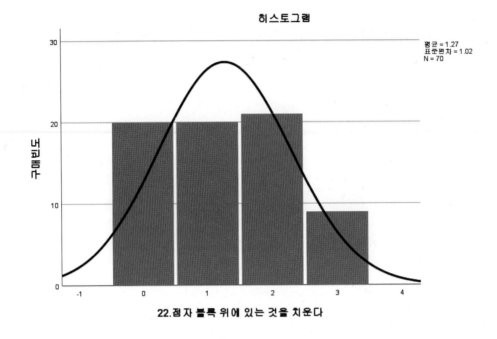

히스토그램

22.점자 블록 위에 있는 것을 치운다

평균 = 1.27
표준편차 = 1.02
N = 70

- 히스토그램

  1, 2, 3을 선택한 사람이 많고, 전체적으로 평평한 그래프로 되어 있다는 것을 알 수 있다.

▶ 결과에 대한 논의

결과를 보면서 보람은 한숨을 쉬었다.

"뭐야, 거의 치우친 점수분포 항목뿐이잖아"

"그러네. 대개 항목 0과 1을 선택한 사람뿐이라니까 …"

두 사람은 생각에 잠겼다.

"점수분포가 치우쳐 있는 항목은 요인분석에서 떼어 내라고 했잖아?"

"음, 어쩐다. 자, 이렇게 하면 어떨까? 히스토그램의 정점이 0도 3도 아니고, 1이나 2에 있는 항목만을 끄집어 내는 거야. 그렇게 하면 점수분포가 어느 정도 점수범위의 중앙에 모인 항목만을 요인분석할 수 있을지 몰라"

"과연 그럴 듯 해. 그거 좋아"

두 사람은 SPSS가 출력한 히스토그램을 확인해 나갔다.

"1이나 2를 선택한 사람이 가장 많은 것은 이 8항목이네" 보람이 말한다.

"에, 항목번호로는 4, 8, 10, 15, 17, 19, 21, 22네"

"그래. 이 8항목 이외는 1이나 3을 선택한 사람이 가장 많았어"

"자, 이 8항목을 요인분석해 볼까"

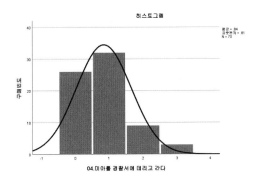

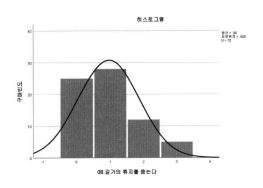

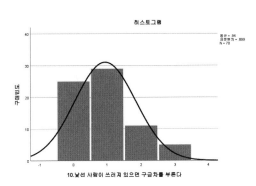

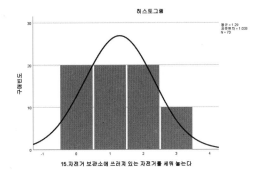

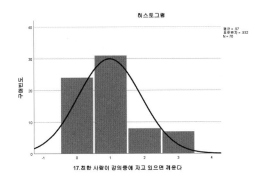

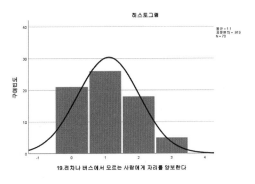

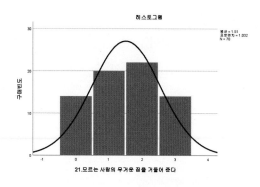

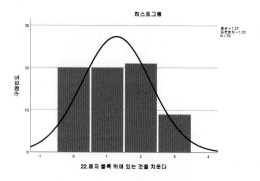

21.모르는 사람의 무거운 짐을 거들어 준다　　　　22.점자 블록 위에 있는 것을 치운다

💧 **8항목의 요인분석(1회째 : 요인 수 결정을 위한 분석)**

[SPSS의 처리 절차]

《순서 1》 데이터의 입력

　　<표 14-1>의 데이터를 입력한다.

《순서 2》 분석 수법의 선택

　　메뉴에서 [분석]-[차원 축소]-[요인분석]을 선택한다.

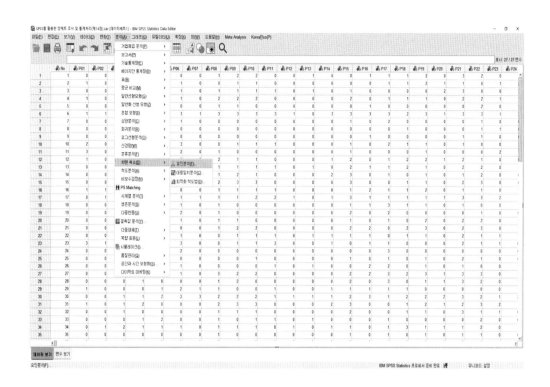

《순서 3》 변수의 선택

[변수]에 8개 항목 'P04', 'P08', 'P10', 'P15', 'P17', 'P19', 'P21', 'P22'를 지정한다.

[요인추출]을 클릭한다.

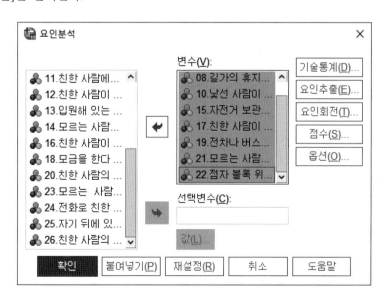

《순서 4》 요인추출의 선택

[방법]에서 [최대우도]를 선택한다. [표시]의 [스크리 도표]를 추가로 체크한다.
[계속]을 클릭한다. 이어서 [확인]을 클릭한다.

[분석결과]

설명된 총분산

요인	초기 고유값			추출 제곱한 적재량		
	전체	% 분산	누적 %	전체	% 분산	누적 %
1	4.011	50.136	50.136	3.380	42.246	42.246
2	1.215	15.184	65.321	.949	11.863	54.110
3	.735	9.187	74.507			
4	.544	6.799	81.306			
5	.496	6.200	87.505			
6	.389	4.861	92.366			
7	.338	4.227	96.593			
8	.273	3.407	100.000			

추출 방법: 최대우도.

요인 수를 정하기 위해서 볼 출력은 다음과 같다.

- 설명된 총분산
  고유값 → 초기 고유값의 전체 난

초기 분산 설명률 → 초기 고유값의 % 분산 난

초기 누적기여율 → 초기 고유값의 누적 % 난

을 각각 참조한다.

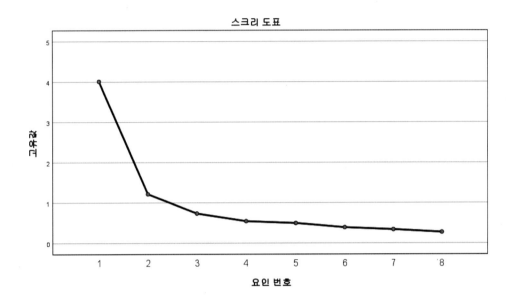

스크리 도표

* 스크리 도표

세로축은 초기 고유값의 전체 값, 가로축은 요인 번호를 취하여 각 요인 번호의 고유값을
플롯한 것이다.

요인 수를 정하려면, 초기 고유값의 변화를 참고로 한다.

이번 분석의 결과를 보면,

초기 고유값은 요인 번호 2까지가 1을 초과하고 있다.

요인 번호 3 이후는 고유값이 1보다 크게 떨어지고 있다.

이들 사실로부터 요인 수 2를 채택한다.

[요인 수 결정방법]

(1) 고유값이 1 이상(Guttman 기준)

초기 고유값 전체의 난을 본다.

고유값 1 이상의 요인 수를 추출한다. 고유값 1의 기준이 요인추출의 최대값이 된다. SPSS의 초기설정에서는 이 기준으로 요인 수가 추출된다. 단 경험 상, 이 기준으로는 요인이 너무 많이 추출되는 경향이 있다. 또한 가능하면 추출 후의 고유값도 1을 초월하면 좋을 것이다.

(2) 고유값의 변화(고유값의 감쇠상황)

초기 고유값 전체의 난을 본다.

요인 번호 A와 요인 번호 B의 고유값 차가 그 전후보다도 크게 벌어져 있을 때, 요인 수 A를 채택한다. 다음의 스크리 기준과 같다.

(3) 스크리 기준

스크리 도표를 본다.

스크리 도표가 급하게 떨어지기 전까지의 요인 수를 채택한다.

(4) 요인의 해석 가능성

결과적으로 도출된 요인(질문항목의 집합)의 내용을 잘 해석할 수 있고, 요인에 적합한 이름을 붙일 수 있다.

(5) 적합도 검정

요인추출에서 최대우도를 선택하면, 적합도 검정이 출력된다(카이제곱 검정). 다만 이 결과만에 의존하지 않고, 위의 (1)~(4)도 합쳐서 종합적으로 요인 수를 결정하는 편이 좋다.

적합도 검정

카이제곱	자유도	유의확률
9.536	13	.731

🌀 **8항목의 요인분석(2회째 : 요인의 회전)**

[SPSS의 처리 절차]

《순서 1》 데이터의 입력

<표 14-1>의 데이터를 입력한다.

《순서 2》 분석 수법의 선택

메뉴에서 [분석]-[차원 축소]-[요인분석]을 선택한다.

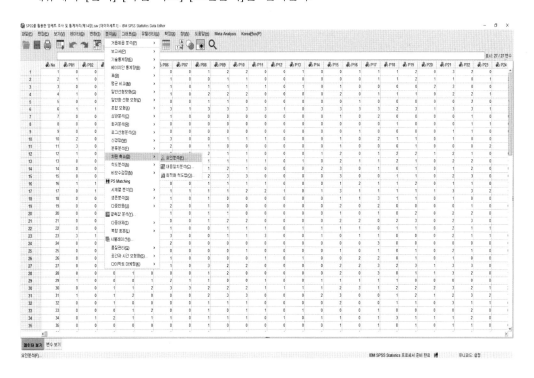

《순서 3》 변수의 선택

[변수]에 8개 항목 'P04', 'P08', 'P10', 'P15', 'P17', 'P19', 'P21', 'P22'를 지정한다.

[요인추출]을 클릭한다.

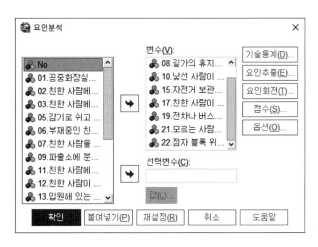

《순서 4》 요인추출의 선택

[방법]에서 [최대우도]를 선택한다. [추출]의 [추출할 요인]에 '2'를 입력한다.
[계속]을 클릭한다. [요인회전]을 선택한다.

《순서 5》 요인회전의 선택

[방법]에서 [프로멕스]를 선택한다. [표시]의 [회전 해법]에 체크되어 있는 것을 확인한다.
[계속]을 클릭한다. [옵션]을 클릭한다.

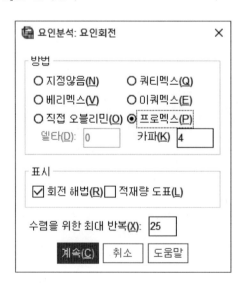

《순서 6》 옵션의 선택

[결측값]은 [목록별 결측값 제외]를 선택한다. [계수표시형식]의 [크기순 정렬]에 체크한다. [계속]을 클릭한다. [확인]을 클릭한다.

[분석결과]

요인행렬[a]

	요인	
	1	2
10.낯선 사람이 쓰러져 있으면 구급차를 부른다	.908	-.277
22.점자 블록 위에 있는 것을 치운다	.699	.238
08.길가의 휴지를 줍는다	.671	.433
21.모르는 사람의 무거운 짐을 거들어 준다	.653	.163
19.전차나 버스에서 모르는 사람에게 자리를 양보한다	.645	.227
04.미아를 경찰서에 데리고 간다	.644	-.008
15.자전거 보관소에 쓰러져 있는 자전거를 세워 놓는다	.595	.551
17.친한 사람이 강의중에 자고 있으면 깨운다	-.051	.497

추출 방법: 최대우도.

a. 추출된 2 요인 10의 반복계산이 요구됩니다.

패턴 행렬[a]

	요인 1	요인 2
10.낯선 사람이 쓰러져 있으면 구급차를 부른다	.909	-.466
22.점자 블록 위에 있는 것을 치운다	.718	.088
08.길가의 휴지를 줍는다	.699	.288
21.모르는 사람의 무거운 짐을 거들어 준다	.668	.024
19.전차나 버스에서 모르는 사람에게 자리를 양보한다	.664	.090
04.미아를 경찰서에 데리고 간다	.653	-.143
15.자전거 보관소에 쓰러져 있는 자전거를 세워 놓는다	.626	.421
17.친한 사람이 강의중에 자고 있으면 깨운다	-.031	.504

추출 방법: 최대우도.
회전 방법: 카이저 정규화가 있는 프로멕스.

a. 3 반복계산에서 요인회전이 수렴되었습니다.

요인 상관행렬

요인	1	2
1	1.000	.167
2	.167	1.000

추출 방법: 최대우도.
회전 방법: 카이저 정규화가 있는 프로멕스.

- 패턴 행렬
  - 제1요인 : 요인부하량이 높은 순으로, P10, P22, P08, P21, P04, P15
  - 제2요인 : P17만 제2요인에 0.5 이상으로 높은 부하량을 보이고 있다.

  P10과 P15는 제1요인과 제2요인에 높은 부하량(P10은 마이너스의 높은 부하량)을 보이고 있다.
- 요인 상관행렬

  사각회전(프로멕스 회전)을 실시했으므로, 요인 간의 상관계수가 출력된다. 두 개의 요인 간 상관계수는 $r = 0.167$로 되어 있다.

▶ 결과에 대한 논의

"2요인이 좋다고 생각하지만, 패턴 행렬을 보면 제2요인에 높은 부하량을 보인 항목은 단 하나, P17뿐이었단 말이야 …" 결과를 보면서 보람은 중얼거렸다.

"제1요인과 제2요인에 모두 높은 부하량을 보인 항목도 있지"

"응. 어쩐지 2요인으로 잘 나누어져 있지 않은 것 같아"

"자, 어떤다? 이 결과로 괜찮을까 …" 철수는 불안한 모양이다.

"글쎄. 요인 수를 1로 해 볼까. 스크리 도표를 보면 제1요인과 제2요인 사이도 크게 떨어져 있거든"

8항목의 1요인 추출

[SPSS의 처리 절차]

《순서 1》 분석 수법의 선택

메뉴에서 [분석]-[차원 축소]-[요인분석]을 선택한다.

《순서 2》 변수의 선택

[변수]에 8개 항목 'P04', 'P08', 'P10', 'P15', 'P17', 'P19', 'P21', 'P22'를 지정한다.

[요인추출]을 클릭한다.

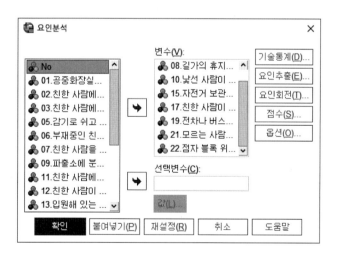

《순서 3》 요인추출의 선택

[방법]에서 [최대우도]를 선택한다. [추출]의 [추출할 요인]에 '1'을 입력한다.

[계속]을 클릭한다. [요인회전]을 선택한다.

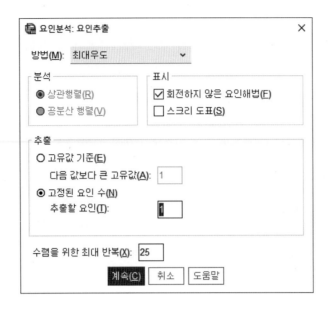

《순서 4》 요인회전의 선택

[방법]에서 [프로멕스]를 선택한다. [표시]의 [회전 해법]에 체크되어 있는 것을 확인한다. [계속]을 클릭한다. [옵션]을 클릭한다.

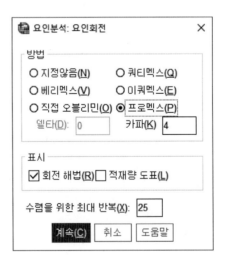

《순서 5》 옵션의 선택

[결측값]은 [목록별 결측값 제외]를 선택한다.

[계수표시형식]의 [크기순 정렬]에 체크한다.

[계속]을 클릭한다. [확인]을 클릭한다.

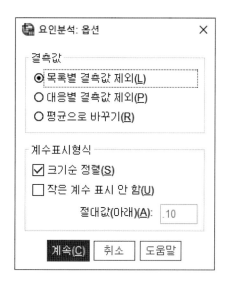

[분석결과]

설명된 총분산

요인	초기 고유값			추출 제곱합 적재량		
	전체	% 분산	누적 %	전체	% 분산	누적 %
1	4.011	50.136	50.136	3.514	43.929	43.929
2	1.215	15.184	65.321			
3	.735	9.187	74.507			
4	.544	6.799	81.306			
5	.496	6.200	87.505			
6	.389	4.861	92.366			
7	.338	4.227	96.593			
8	.273	3.407	100.000			

추출 방법: 최대우도.

- 설명된 총분산

    고유값 → 초기 고유값의 전체 난

    초기 분산 설명률 → 초기 고유값의 % 분산 난

    초기 누적기여율 → 초기 고유값의 누적 % 난

을 각각 참조한다.

추출 제곱합 적재량의 결과에는 요인1만이 기재되어 있다.

요인행렬^a

	요인 1
08.길가의 휴지를 줍는다	.751
22.점자 블록 위에 있는 것을 치운다	.749
10.낯선 사람이 쓰러져 있으면 구급차를 부른다	.720
19.전차나 버스에서 모르는 사람에게 자리를 양보한다	.713
15.자전거 보관소에 쓰러져 있는 자전거를 세워 놓는다	.701
21.모르는 사람의 무거운 짐을 거들어 준다	.684
04.미아를 경찰서에 데리고 간다	.627
17.친한 사람이 강의중에 자고 있으면 깨운다	.101

추출 방법: 최대우도.

a. 추출된 1 요인 4의 반복계산이 요구됩니다.

- 요인행렬

  이 부분이 최대우도법으로 1요인을 추출한 결과이다.

  항목 17(P17)의 부하량이 작지만(0.101), 다른 항목의 부하량은 충분히 높은 값(0.627 이상)이다.

▶ 결과를 보고

정보람은 한숨을 쉬었다.

"1요인의 결과를 내 보았지만, 역시 항목 17만 부하량이 낮네"

"1요인과 2요인, 어느 쪽이 좋다고 생각해?"

"2요인일 때는 항목 17만이 제2요인에 높은 부하량을 보이고 있고, 1요인일 때는 항목 17만이 낮은 부하량이잖아. 솔직히 말해서 어느 쪽이 좋은지 모르겠어"

보람도 어찌할 도리가 없는 모양이다.

"항목 17이 없어지면 1요인이라고 하는 것으로 좋을 것 같은데"

"그래. 그렇게 하면 산뜻할지도 모르겠네"

"자, 그렇게 해 볼까?"

"하지만, 어째서 항목 17만 별개로 되어 버리는지 몰라. 2요인일 때의 요인 간 상관을 보여 줄래?"

"요인 간 상관? 에, $r = 0.167$인데"

"그렇다면 2요인일 때 제1요인과 제2요인의 상관은 거의 없다는 거 아냐"

"음. 그래서 그것이 어떻다는 건데?"

"이것은 제1요인의 의미와 제2요인의 의미가 전연 다르다는 것을 가리키고 있는 거야. 만일 요인 간 상관이 높다면 두 요인의 의미는 비슷하다는 것이지. 마이너스의 높은 상관이라면 역 방향의 의미라는 것이고 말이야"

"상관이 0에 가까우니까, 두 요인은 서로 별로 관계가 없는 내용이 되어 있는 것인가 …" 철수는 아직 조금 납득이 안 되고 있다.

"그래. 같은 사회행동에 대한 저항감인데 말이지 …"

"정말이야. 같은 것을 측정하기 위해서 수집한 항목인데, 나온 두 개의 요인은 별로 관계가 없다고 하는 거 아냐"

"그렇다니까. 그러니 항목 17과 그것 이외의 항목의 차이를 정확하게 보는 편이 좋다고 생각해"

두 사람은 항목의 내용을 지그시 응시했다.

"아, 그래!" 철수가 소리를 질렀다.

"뭐, 왜 그래?"

"이런 거 아닐까. 항목 17은 친한 사람에게 친절하게 하는 것에 대한 저항감이고, 나머지 7항목은 모르는 사람 …"

"아, 그런 것이네. 확실히 …" 보람은 항목을 가리키고 말을 이었다.

"2요인의 결과에서, 항목 10이 제2요인에 마이너스의 부하량이 된 것은 항목에 '모르는 사람'이라고 하는 표현이 쓰이고 있기 때문이고, 항목 15가 제2요인에도 높은 부하량을 보인 것은 자전거 보관소의 자전거가 모르는 사람 것이라고는 한정할 수 없기 때문이라고도 생각된다는 거 아냐"

"그렇다니까! 와, 뭔가 대단해, 요인분석이라는 게 말이야"

"하지만, 역시 1요인이 좋은지 2요인이 좋은지는 모르겠어" 철수는 히쭉하면서 말했다.

"교수님에게 가서 물어 볼까?"

💫 **연구실에서**

"오라, 요인분석을 해 보았다!" 박유식 교수는 두 사람의 이야기를 듣고, 놀란 얼굴을 보였다.

"게다가 1요인과 2요인의 해석은 상당히 좋은 방향으로 움직이고 있네. 이 결과로부터 거기까지 신경 쓰는 것은 별것 아니지 않을까"

보람과 철수는 얼굴을 마주보며 두 손가락으로 V자 사인을 했다.

"만일 제1요인이 모르는 사람을 향한 사회적 행동에 대한 저항감이고, 제2요인이 친한 사람을 향한 사회적 행동에 대한 저항감이라고 한다면, 두 개의 요인을 결과로 보인 편이 좋을지도 모르지"

"하지만 교수님, 제2요인은 한 항목뿐이었거든요" 보람이 말했다.

"그렇지. 요인분석에 투입한 항목이 적었기 때문이네. 그렇지만 어째서 8항목만 요인분석을 적용했는가?"

교수는 이상하다는 표정이다.

"네, 점수가 치우쳐 있어서 …그랬습니다"

망설이면서 철수가 대답했다.

"자, 어째서 점수가 치우쳐 있다고 해서 요인분석에 투입해서는 안 되나?"

"네, 그것은 …"

철수는 말이 막혀 우물거렸다.

"요인분석은 변수의 상관관계 정보를 집약해 가기 때문이야. 이전에 피어슨의 적률상관계수를 산출했지. 그때, 이상치가 있으면 어떻게 했지?"

"이상치가 있기 때문에 상관이 없어져 버린다거나 거꾸로 큰 상관계수가 된다거나 …" 보람이 대답했다.

"그랬지. 그러니 그러한 것을 피하기 위해서, 너무 점수분포가 치우친 변수는 제외하고 분석하자고 하는 것이 일반적이지"

"네"

"요인분석에 투입하지 않는 점수의 치우침이라고 하는 것은 명확한 기준이 있는 것은 아닐세. 자네들이 '히스토그램의 정점이 1이나 2에 있는 변수' 이외를 분석에서 제외했다고 하는 것도 반드시 틀렸다고는 할 수 없어"

"다행이다 …"

두 사람은 안심한 표정을 보였다.

"하지만 특별히 점수분포가 치우쳐 있다고 해서 요인분석의 도중에 에러가 나온다고 하는 것은 아니야. 그러니 항목을 제외하지 말고 요인분석을 해서 결과를 확인해 두어야 하네"

교수는 그렇게 말하고, 오른손을 내밀었다. 데이터가 들어 있는 USB 메모리를 건네 달라는 것이다.

전체 26항목의 요인분석(요인 수 결정을 위한 분석)

[SPSS의 처리 절차]

《순서 1》 분석 수법의 선택

메뉴에서 [분석]-[차원 축소]-[요인분석]을 선택한다.

《순서 2》 변수의 선택

[변수]에 'P01'에서 'P26'까지 지정한다.

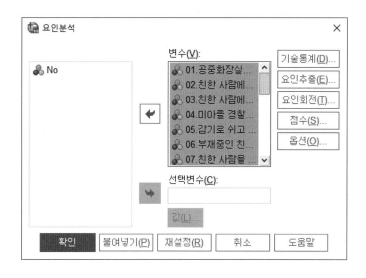

《순서 3》 요인추출의 선택

[방법]에서 [최대우도]를 선택한다. [스크리 도표]에 체크한다.

[추출]의 [고유값 기준]에 체크하고 [다른 값보다 큰 고유값]은 '1'을 그대로 둔다.

[계속]을 클릭한다. [확인]을 클릭한다.

요인분석: 요인추출 ✕

방법(M): 최대우도

분석
- ● 상관행렬(R)
- ○ 공분산 행렬(V)

표시
- ☑ 회전하지 않은 요인해법(F)
- ☑ 스크리 도표(S)

추출
- ● 고유값 기준(E)
  - 다음 값보다 큰 고유값(A): 1
- ○ 고정된 요인 수(N)
  - 추출할 요인(T):

수렴을 위한 최대 반복(X): 25

[계속(C)] [취소] [도움말]

[분석결과]

설명된 총분산

요인	초기 고유값			추출 제곱합 적재량		
	전체	% 분산	누적 %	전체	% 분산	누적 %
1	7.113	27.356	27.356	2.863	11.013	11.013
2	3.141	12.083	39.438	4.632	17.817	28.831
3	1.958	7.532	46.970	2.313	8.896	37.726
4	1.668	6.414	53.384	2.019	7.766	45.493
5	1.391	5.351	58.735	1.320	5.078	50.571
6	1.295	4.982	63.717	1.033	3.974	54.545
7	1.117	4.296	68.014	.922	3.545	58.090
8	.996	3.830	71.844			
9	.881	3.387	75.231			
10	.800	3.078	78.309			
11	.707	2.720	81.029			
12	.642	2.470	83.499			
13	.586	2.253	85.752			
14	.532	2.048	87.800			
15	.456	1.752	89.552			
16	.450	1.732	91.284			
17	.393	1.511	92.795			
18	.329	1.266	94.061			
19	.316	1.215	95.276			
20	.272	1.048	96.324			
21	.231	.889	97.213			
22	.200	.768	97.982			
23	.177	.682	98.664			
24	.146	.560	99.224			
25	.118	.455	99.679			
26	.083	.321	100.000			

추출 방법: 최대우도.

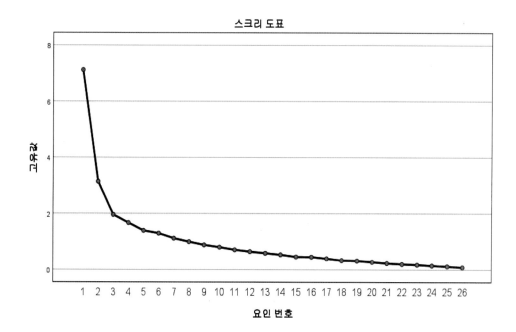

스크리 도표

- 설명된 총분산

  초기 고유값 전체의 난을 보고, 전후를 비교해서 비교적 차이가 큰지 작은지를 살핀다. 초기 고유값 1 이상의 요인 수를 추출하도록 지정하고 있으므로, 7요인째까지 추출되고 있다.

- 스크리 도표

  요인 수 1과 2, 2와 3, 3과 4의 간격은 큰 것처럼 보인다.
  요인 수 5와 6의 플롯은 약간 평탄하고, 다음의 요인 수 6과 7은 약간 차가 벌어져 있는 것처럼 보인다.

  요인 수 2, 3, 4로 결과를 비교해 보자.

2요인 추출(최대우도법·프로멕스 회전)

[SPSS의 처리 절차]

《순서 1》 분석 수법의 선택

메뉴에서 [분석]-[차원 축소]-[요인분석]을 선택한다.

《순서 2》 변수의 선택

[변수]에 'P01'에서 'P26'까지 지정한다.

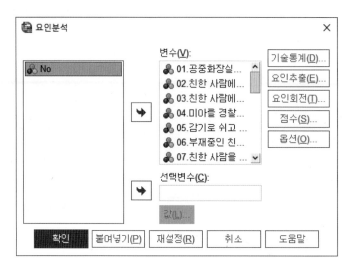

《순서 3》 요인추출의 선택

[방법]에서 [최대우도]를 선택한다. [스크리 도표]에 체크한다.

[추출]의 [고정된 요인 수]에 체크하고 [추출할 요인]은 '2'를 입력한다.

[계속]을 클릭한다. [요인회전]을 클릭한다.

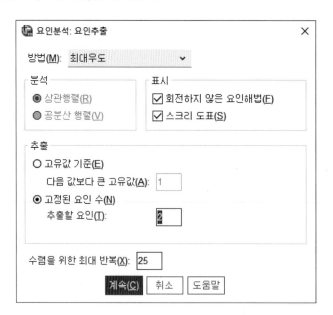

《순서 4》 요인회전의 선택

[방법]의 [프로멕스]를 선택하고 [계속]을 클릭한다.

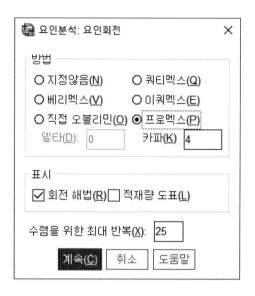

《순서 5》 옵션의 선택

[옵션]을 선택한다. [계수표시형식]에서 [크기순 정렬]에 체크하고 [계속]을 클릭한다.
[확인]을 클릭한다.

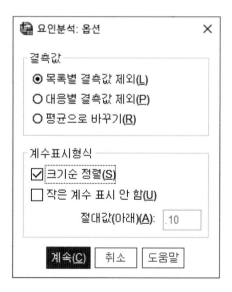

[분석결과]

설명된 총분산

요인	초기 고유값			추출 제곱합 적재량			회전 제곱합 적재량[a]
	전체	% 분산	누적 %	전체	% 분산	누적 %	전체
1	7.113	27.356	27.356	6.443	24.781	24.781	5.791
2	3.141	12.083	39.438	2.638	10.144	34.925	4.855
3	1.958	7.532	46.970				
4	1.668	6.414	53.384				
5	1.391	5.351	58.735				
6	1.295	4.982	63.717				
7	1.117	4.296	68.014				
8	.996	3.830	71.844				
9	.881	3.387	75.231				
10	.800	3.078	78.309				
11	.707	2.720	81.029				
12	.642	2.470	83.499				
13	.586	2.253	85.752				
14	.532	2.048	87.800				
15	.456	1.752	89.552				
16	.450	1.732	91.284				
17	.393	1.511	92.795				
18	.329	1.266	94.061				
19	.316	1.215	95.276				
20	.272	1.048	96.324				
21	.231	.889	97.213				
22	.200	.768	97.982				
23	.177	.682	98.664				
24	.146	.560	99.224				
25	.118	.455	99.679				
26	.083	.321	100.000				

추출 방법: 최대우도.

a. 요인이 상관된 경우 전체 분산을 구할 때 제곱합 적재량이 추가될 수 없습니다.

• 설명된 총분산

제2요인까지 추출되고 있다.

제2요인까지의 누적설명률은 초기에 39.438%, 추출 후에 34.925%

→ 두 개의 요인으로 전체 26항목의 분산에 대한 35~40% 정도를 설명하고 있다.

패턴 행렬^a

	요인	
	1	2
22.점자 블록 위에 있는 것을 치운다	.856	-.211
09.파출소에 분실물을 신고한다	.772	-.054
19.전차나 버스에서 모르는 사람에게 자리를 양보한다	.764	-.045
08.길가의 휴지를 줍는다	.735	-.043
10.낯선 사람이 쓰러져 있으면 구급차를 부른다	.719	.080
15.자전거 보관소에 쓰러져 있는 자전거를 세워 놓는다	.713	-.129
21.모르는 사람의 무거운 짐을 거들어 준다	.626	.110
18.모금을 한다	.591	.100
04.미아를 경찰서에 데리고 간다	.555	.180
14.모르는 사람을 위해서 엘리베이터 버튼을 대신 누른다	.390	.337
13.입원해 있는 사람에게 격려의 메일을 보낸다	-.154	.121
11.친한 사람에게 과제의 오류를 가르쳐 준다	-.143	.776
06.부재중인 친한 사람의 집에 온 짐을 보관한다	-.223	.697
05.감기로 쉬고 있는 친한 사람에게 전화로 중대한 연락을 한다	-.253	.631
07.친한 사람을 위해서 프린트를 받아 둔다	.112	.542
24.전화로 친한 사람에게 부탁을 받으면 그에 응한다	.108	.539
02.친한 사람에게 샤프펜을 빌려 준다	.069	.507
26.친한 사람의 수업 과제를 도와 준다	-.096	.493
16.친한 사람이 잔돈이 없을 때 빌려 준다	.181	.459
03.친한 사람에게 강의 노트를 보여 준다	.265	.439
20.친한 사람의 고민상담에 응한다	.223	.411
25.자기 뒤에 있는 모르는 사람을 위해서 문을 열어 준다	.094	.402
01.공중화장실이나 공원 등의 수도물을 잠근다	-.066	.386
23.모르는 사람이 시간을 물으면 가르쳐 준다	.141	.329
12.친한 사람이 둔 가방이 쓰러져 있으면 세워 놓는다	.101	.299
17.친한 사람이 강의중에 자고 있으면 깨운다	-.015	.194

추출 방법: 최대우도.
회전 방법: 카이저 정규화가 있는 프로멕스.
a. 3 반복계산에서 요인회전이 수렴되었습니다.

요인 상관행렬

요인	1	2
1	1.000	.408
2	.408	1.000

추출 방법: 최대우도.
회전 방법: 카이저 정규화가 있
는 프로멕스.

• 패턴 행렬

　26개의 항목이 두 개의 그룹으로 나누어져 있는 모습을 볼 수 있다.

- 요인 상관행렬

  제1요인과 제2요인 사이의 상관계수는 $r = 0.408$이다.

3요인 추출(최대우도법 · 프로멕스 회전)

[SPSS의 처리 절차]

《순서 1》 분석 수법의 선택

메뉴에서 [분석]-[차원 축소]-[요인분석]을 선택한다.

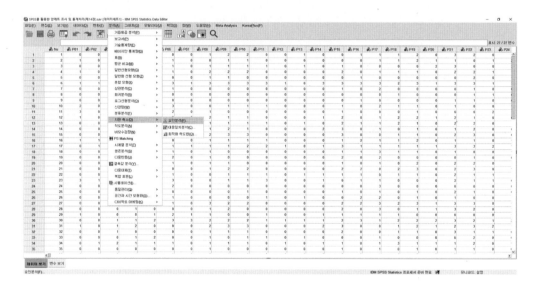

《순서 2》 변수의 선택

[변수]에 'P01'에서 'P26'까지 지정한다.

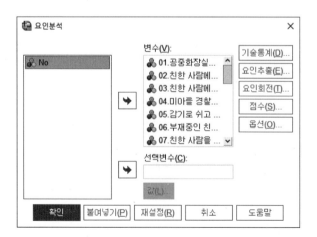

《순서 3》 요인추출의 선택

   [방법]에서 [최대우도]를 선택한다. [스크리 도표]에 체크한다.

   [추출]의 [고정된 요인 수]에 체크하고 [추출할 요인]은 '3'을 입력한다.

   [계속]을 클릭한다. [요인회전]을 클릭한다.

《순서 4》 요인회전의 선택

   [방법]의 [프로멕스]를 선택하고 [계속]을 클릭한다.

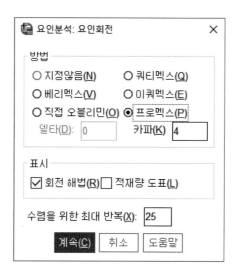

《순서 5》 옵션의 선택

[옵션]을 선택한다. [계수표시형식]에서 [크기순 정렬]에 체크하고 [계속]을 클릭한다.

《순서 6》 요인분석의 실행

다음 화면에서 [확인]을 클릭한다.

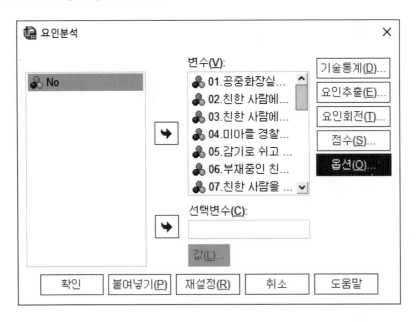

설명된 총분산

요인	초기 고유값			추출 제곱한 적재량			회전 제곱한 적재량ª
	전체	% 분산	누적 %	전체	% 분산	누적 %	전체
1	7.113	27.356	27.356	2.601	10.004	10.004	5.850
2	3.141	12.083	39.438	5.455	20.981	30.984	4.439
3	1.958	7.532	46.970	2.508	9.648	40.632	3.497
4	1.668	6.414	53.384				
5	1.391	5.351	58.735				
6	1.295	4.982	63.717				
7	1.117	4.296	68.014				
8	.996	3.830	71.844				
9	.881	3.387	75.231				
10	.800	3.078	78.309				
11	.707	2.720	81.029				
12	.642	2.470	83.499				
13	.586	2.253	85.752				
14	.532	2.048	87.800				
15	.456	1.752	89.552				
16	.450	1.732	91.284				
17	.393	1.511	92.795				
18	.329	1.266	94.061				
19	.316	1.215	95.276				
20	.272	1.048	96.324				
21	.231	.889	97.213				
22	.200	.768	97.982				
23	.177	.682	98.664				
24	.146	.560	99.224				
25	.118	.455	99.679				
26	.083	.321	100.000				

추출 방법: 최대우도.

a. 요인이 상관된 경우 전체 분산을 구할 때 제곱한 적재량이 추가될 수 없습니다.

- 설명된 총분산

  제3요인까지 추출되고 있다.

  26항목에 대한 제3요인까지의 누적설명률은 초기에 46.970%, 추출 후에 40.632%

  → 세 개의 요인으로 전체 26항목의 분산에 대한 40~47% 정도를 설명하고 있다.

패턴 행렬^a

	요인		
	1	2	3
22.점자 블록 위에 있는 것을 치운다	.872	-.139	-.137
09.파출소에 분실물을 신고한다	.786	-.027	-.074
08.길가의 휴지를 줍는다	.763	.032	-.146
19.전차나 버스에서 모르는 사람에게 자리를 양보한다	.742	-.196	.208
10.낯선 사람이 쓰러져 있으면 구급차를 부른다	.735	.070	-.027
15.자전거 보관소에 쓰러져 있는 자전거를 세워 놓는다	.719	-.067	-.091
21.모르는 사람의 무거운 짐을 거들어 준다	.636	.080	.015
18.모금을 한다	.576	-.048	.199
04.미아를 경찰서에 데리고 간다	.539	.073	.169
14.모르는 사람을 위해서 엘리베이터 버튼을 대신 누른다	.399	.298	.068
11.친한 사람에게 과제의 오류를 가르쳐 준다	-.111	.724	.082
06.부재중인 친한 사람의 집에 온 짐을 보관한다	-.203	.659	.090
02.친한 사람에게 샤프펜을 빌려 준다	.129	.632	-.189
05.감기로 쉬고 있는 친한 사람에게 전화로 중대한 연락을 한다	-.226	.585	.074
26.친한 사람의 수업 과제를 도와 준다	-.060	.547	-.069
24.전화로 친한 사람에게 부탁을 받으면 그에 응한다	.146	.491	.030
03.친한 사람에게 강의 노트를 보여 준다	.293	.441	.000
01.공중화장실이나 공원 등의 수도물을 잠근다	-.040	.432	-.049
12.친한 사람이 둔 가방이 쓰러져 있으면 세워 놓는다	.131	.375	-.099
16.친한 사람이 잔돈이 없을 때 빌려 준다	.186	.361	.161
17.친한 사람이 강의중에 자고 있으면 깨운다	.019	.304	-.153
25.자기 뒤에 있는 모르는 사람을 위해서 문을 열어 준다	-.074	-.213	1.101
20.친한 사람의 고민상담에 응한다	.162	.073	.554
23.모르는 사람이 시간을 물으면 가르쳐 준다	.090	.093	.415
07.친한 사람을 위해서 프린트를 받아 둔다	.083	.338	.354
13.입원해 있는 사람에게 격려의 메일을 보낸다	-.182	-.040	.239

추출 방법: 최대우도.
회전 방법: 카이저 정규화가 있는 프로멕스.
　a. 5 반복계산에서 요인회전이 수렴되었습니다.

• 패턴 행렬

제3요인의 집합(항목 25 이후)이 더해져 있는 것을 알 수 있다.

항목 25의 제3요인의 부하량이 1.101로 1을 상회하고 있다.
　→ 본래 요인부하량은 1 미만의 값이 되는 것이지만, 이와 같이 1을 상회해 버리는 것을
　　헤이우드 케이스라고 한다(본래는 공통성이 1을 초과해 버리는 것에 대해서 붙여진
　　명칭이다). 예를 들면 이번의 경우, 공통성의 출력에 경고가 첨부되어 있다.

[공통성의 출력]

　항목 25의 요인 추출 후의 공통성 값이 0.999로 표시되어, 각주에 "a. 반복계산 중 1보다 큰 하나 이상의 공통성 추정량이 나타났습니다. 결과해법은 주의하여 해석해야 합니다"라고 경고가 표시되어 있다.

공통성ª

	초기	추출
01.공중화장실이나 공원 등의 수도물을 잠근다	.505	.160
02.친한 사람에게 샤프펜을 빌려 준다	.725	.384
03.친한 사람에게 강의 노트를 보여 준다	.662	.376
04.미아를 경찰서에 데리고 간다	.766	.432
05.감기로 쉬고 있는 친한 사람에게 전화로 중대한 연락을 한다	.409	.328
06.부재중인 친한 사람의 집에 온 짐을 보관한다	.704	.427
07.친한 사람을 위해서 프린트를 받아 둔다	.641	.399
08.길가의 휴지를 줍는다	.687	.537
09.파출소에 분실물을 신고한다	.648	.567
10.낯선 사람이 쓰러져 있으면 구급차를 부른다	.758	.568
11.친한 사람에게 과제의 오류를 가르쳐 준다	.696	.532
12.친한 사람이 든 가방이 쓰러져 있으면 세워 놓는다	.459	.160
13.입원해 있는 사람에게 격려의 메일을 보낸다	.394	.057
14.모르는 사람을 위해서 엘리베이터 버튼을 대신 누른다	.538	.378
15.자전거 보관소에 쓰러져 있는 자전거를 세워 놓는다	.689	.452
16.친한 사람이 잔돈이 없을 때 빌려 준다	.664	.317
17.친한 사람이 강의중에 자고 있으면 깨운다	.583	.076
18.모금을 한다	.565	.428
19.전차나 버스에서 모르는 사람에게 자리를 양보한다	.738	.599
20.친한 사람의 고민상담에 응한다	.612	.451
21.모르는 사람의 무거운 짐을 거들어 준다	.621	.457
22.점자 블록 위에 있는 것을 치운다	.651	.640
23.모르는 사람이 시간을 물으면 가르쳐 준다	.473	.257
24.전화로 친한 사람에게 부탁을 받으면 그에 응한다	.639	.333
25.자기 뒤에 있는 모르는 사람을 위해서 문을 열어 준다	.714	.999
26.친한 사람의 수업 과제를 도와 준다	.544	.252

추출 방법: 최대우도.

a. 반복계산 중 1보다 큰 하나 이상의 공통성 추정량이 나타났습니다. 결과해법은 주의하여 해석해야 합니다.

　이와 같은 케이스를 부적해라고 부르는 경우도 있다. 이와 같은 현상은 데이터나 요인 수의 지정 상, 어떤 문제가 생기고 있다는 것을 나타내고 있는데, 원인을 잘 모르는 경우도 많다. 몇 개의 항목을 삭제하고 다시 분석을 해 보면 해소되는 경우도 있지만, 어느 정도는 눈을 감고 그대로 결과가 보고되는 수도 있다.

요인 상관행렬

요인	1	2	3
1	1.000	.370	.362
2	.370	1.000	.462
3	.362	.462	1.000

추출 방법: 최대우도.
회전 방법: 카이저 정규화가 있는 프로멕스.

- 요인 상관행렬

    세 개의 요인 사이에는 중간 정도의 상관계수($r = 0.362 \sim 0.462$)가 보인다.

4요인 추출(최대우도법 · 프로멕스 회전)

[SPSS의 처리 절차]

《순서 1》 분석 수법의 선택

메뉴에서 [분석]-[차원 축소]-[요인분석]을 선택한다.

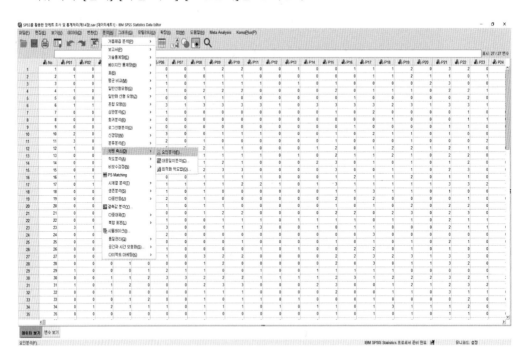

《순서 2》 변수의 선택

[변수]에 'P01'에서 'P26'까지 지정한다.

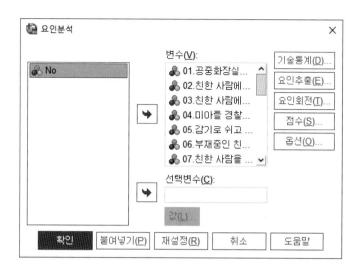

《순서 3》 요인추출의 선택

[방법]에서 [최대우도]를 선택한다. [스크리 도표]에 체크한다.

[추출]의 [고정된 요인 수]에 체크하고 [추출할 요인]은 '4'를 입력한다.

[계속]을 클릭한다. [요인회전]을 클릭한다.

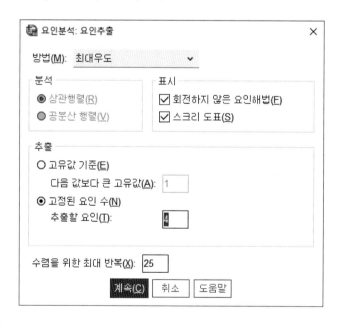

《순서 4》 요인회전의 선택

[방법]의 [프로멕스]를 선택하고 [계속]을 클릭한다.

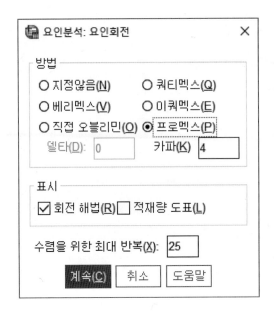

《순서 5》 옵션의 선택

　　[옵션]을 선택한다. [계수표시형식]에서 [크기순 정렬]에 체크하고 [계속]을 클릭한다.
　　[확인]을 클릭한다.

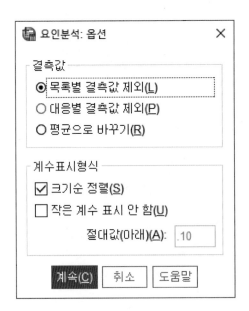

설명된 총분산

요인	초기 고유값			추출 제곱합 적재량			회전 제곱합 적재량[a]
	전체	% 분산	누적 %	전체	% 분산	누적 %	전체
1	7.113	27.356	27.356	4.004	15.401	15.401	5.634
2	3.141	12.083	39.438	1.661	6.389	21.789	4.068
3	1.958	7.532	46.970	3.659	14.074	35.863	3.319
4	1.668	6.414	53.384	2.463	9.475	45.338	2.745
5	1.391	5.351	58.735				
6	1.295	4.982	63.717				
7	1.117	4.296	68.014				
8	.996	3.830	71.844				
9	.881	3.387	75.231				
10	.800	3.078	78.309				
11	.707	2.720	81.029				
12	.642	2.470	83.499				
13	.586	2.253	85.752				
14	.532	2.048	87.800				
15	.456	1.752	89.552				
16	.450	1.732	91.284				
17	.393	1.511	92.795				
18	.329	1.266	94.061				
19	.316	1.215	95.276				
20	.272	1.048	96.324				
21	.231	.889	97.213				
22	.200	.768	97.982				
23	.177	.682	98.664				
24	.146	.560	99.224				
25	.118	.455	99.679				
26	.083	.321	100.000				

추출 방법: 최대우도.

a. 요인이 상관된 경우 전체 분산을 구할 때 제곱합 적재량이 추가될 수 없습니다.

- 설명된 총분산

  제4요인까지 추출되고 있다.

  26항목에 대한 제4요인까지의 누적설명률은 초기에 53.384%, 추출 후에 45.338%

  → 네 개의 요인으로 전체 26항목의 분산에 대한 45~54% 정도를 설명하고 있다.

패턴 행렬[a]

	요인			
	1	2	3	4
22.점자 블록 위에 있는 것을 치운다	.858	-.049	-.128	-.063
08.길가의 휴지를 줍는다	.764	.076	-.147	.021
09.파출소에 분실물을 신고한다	.737	-.018	-.074	.095
19.전차나 버스에서 모르는 사람에게 자리를 양보한다	.731	-.076	.212	-.102
15.자전거 보관소에 쓰러져 있는 자전거를 세워 놓는다	.722	.028	-.080	-.098
10.낯선 사람이 쓰러져 있으면 구급차를 부른다	.675	.036	-.038	.198
21.모르는 사람의 무거운 짐을 거들어 준다	.598	.064	.004	.152
18.모금을 한다	.558	.016	.194	.003
14.모르는 사람을 위해서 엘리베이터 버튼을 대신 누른다	.361	.291	.062	.115
24.전화로 친한 사람에게 부탁을 받으면 그에 응한다	.172	.585	.035	-.096
06.부재중인 친한 사람의 짐을 온 짐을 보관한다	-.222	.565	.070	.237
11.친한 사람에게 과제의 오류를 가르쳐 준다	-.181	.560	.052	.410
12.친한 사람이 둔 가방이 쓰러져 있으면 세워 놓는다	.179	.507	-.083	-.209
05.감기로 쉬고 있는 친한 사람에게 전화로 중대한 연락을 한다	-.240	.506	.061	.178
03.친한 사람에게 강의 노트를 보여 준다	.291	.503	.003	-.022
26.친한 사람의 수업 과제를 도와 준다	-.071	.492	-.075	.134
02.친한 사람에게 샤프펜을 빌려 준다	.067	.471	-.215	.408
16.친한 사람이 잔돈이 없을 때 빌려 준다	.213	.468	.160	-.095
07.친한 사람을 위해서 프린트를 받아 둔다	.110	.459	.352	-.125
17.친한 사람이 강의중에 자고 있으면 깨운다	.043	.297	-.152	.014
25.자기 뒤에 있는 모르는 사람을 위해서 문을 열어 준다	-.096	-.134	1.072	-.010
20.친한 사람의 고민상담에 응한다	.137	.091	.530	.101
23.모르는 사람이 시간을 물으면 가르쳐 준다	.018	-.003	.383	.299
13.입원해 있는 사람에게 격려의 메일을 보낸다	-.155	.023	.240	-.124
04.미아를 경찰서에 데리고 간다	.415	-.250	.093	.815
01.공중화장실이나 공원 등의 수도물을 잠근다	-.106	.243	-.080	.426

추출 방법: 최대우도.
회전 방법: 카이저 정규화가 있는 프로멕스.

a. 10 반복계산에서 요인회전이 수렴되었습니다.

• 패턴 행렬

항목 25의 제3요인 요인부하량이 역시 1을 초과하고 있다(헤이우드 케이스).
제4요인이 높은 부하량을 보인 항목은 두 항목뿐이다(항목 01과 04).

요인 상관행렬

요인	1	2	3	4
1	1.000	.276	.340	.294
2	.276	1.000	.384	.249
3	.340	.384	1.000	.288
4	.294	.249	.288	1.000

추출 방법: 최대우도.
회전 방법: 카이저 정규화가 있는 프로멕스.

- 요인 상관행렬

요인 사이의 상관계수는 $r = 0.249 \sim 0.384$의 범위다.

▶ 결과를 보고

"자, 2요인과 3요인, 4요인 각각 어떤 결과로 보이나?" 교수가 두 사람을 향해 돌아서서 말했다.

"2요인의 패턴 행렬을 보면, 항목이 '모르는 사람'과 '친한 사람'으로 나누어지는 인상입니다" 보람이 말한다.

"항목 13이라든가 17이라든가 몇 개인가 부하량이 낮은 항목도 있지만, 대개 대략적으로 말해서 그 두 개로 나누어지고 있습니다" 철수도 결과를 보면서 대답했다.

"요인분석에서 다른 요인에 높은 부하량을 보인다고 하는 것은 회답하는 사람이 각각의 항목의 통합과 구별을 무심히 의식해서 회답하고 있다고 하는 생각이 드네"

교수는 계속 말을 잇는다.

"그러므로 두 개의 요인이 발견되었다고 하는 것은, 이 26항목에 쭉 회답해 갈 때에 모르는 사람을 향한 행동에 대한 저항감인지, 친한 사람을 향한 행동에 대한 저항감인지에 대해서는 회답자가 어느 정도 구별하고 있다는 것을 나타내고 있는 것이지"

"같은 의미의 항목은 하나의 요인으로 뭉치고, 다른 의미의 항목은 다른 요인으로 된다고 하는 것은, 결국은 회답자가 그것을 구별하고 있느냐 어떠냐에 따른다고 하는 것이네요"

"그것에 덧붙여 말하자면, 2요인의 요인 간 상관계수가 $r = 0.408$이라고 하는 것은 회답자가 26항목을 두 개의 그룹으로 구별하면서도 비슷한 것으로 해서 평가하는 경향에도 있다고 하는 것을 의미하지"

"구별하면서도 비슷하다 …, 요인 간의 상관계수가 중요하군요"

"음, 매우 중요한 정보라고 할 수 있지. 요인끼리 어느 방향을 향하고 있느냐, 의미가 가까우냐, 떨어져 있느냐를 알 수 있기 때문이지"

두 사람은 납득한 듯이 고개를 끄덕였다.

"자, 3요인의 결과는 어때?"

"항목 25의 요인부하량이 1을 초과해 버렸습니다" 철수가 말한다.

"이것을 '헤이우드 케이스'(Heywood case)라고 말하잖아요"

"그렇다네. 추출된 모든 요인으로부터 항목에 대한 종합 영향력을 공통성이라고 하는데, 그것이 1을 초과해 버리는 케이스를 헤이우드 케이스라든가 부적해(不適解)라고 하네. 원인은 여러 가지 있어서 잘 알 수 없지만, 이러한 일은 가끔 일어나네. 추출한 요인 수가 너무 많을지도 모르고, 데이터가 이상할지도 모르네. 좀 더 데이터를 모으면 해소될지도 모르고, 항목을 하나 더 추가한다거나 분석으로부터 제거한다거나 해도 사라질지도 모르네. 최대우도법 이외의 추출법으로 바꾸면 없어질 가능성도 있네"

"이렇게 하면 된다고 하는 대책이 있는 것은 아니네요"

"하지만 요인부하량이 1을 초과했다고 해서 결과를 해석할 수 없는 것은 아니야. 3요인을 추출했을 때, 제3요인은 어떤 통합이 될까"

"네, 부하량과 항목내용은 …" 철수가 소리를 내어 읽는다.

1.101 … 25. 자기 뒤에 있는 모르는 사람을 위해서 문을 열어 준다

0.554 … 20. 친한 사람의 고민상담에 응한다

0.415 … 23. 모르는 사람이 시간을 물으면 가르쳐 준다

0.354 … 07. 친한 사람을 위해서 프린트를 받아 둔다

0.239 … 13. 입원해 있는 사람에게 격려의 메일을 보낸다

"교수님, 항목 07과 13은 부하량이 낮은 것 같다고 생각합니다만 …" 보람이 말한다.

"관례적으로 요인부하량은 0.35라든가 0.40 이상의 것을 채택하는 경우가 많네. 그러므로 항목 07은 겨우 간신히 채택되고, 항목 13은 조금 부하량이 낮다고 생각하네. 다만 항목 07은 제2요인에도 0.338의 부하량을 보이고 있으므로, 제2요인이라고도 제3요인이라고도 해석할 수 있을 것 같네. 어느 쪽인가는 명확하지 않아. 양쪽이 같은 정도라고 생각하는 편이 좋을 것 같네"

"교수님, 이 제3요인은 모르는 사람과 친한 사람의 항목내용 양쪽이 모여 있습니다" 철수가 말한다.

"그 사실은 그것 이외의 의미의 통합이라고 하는 것이지. 무어라고 생각하나?"

보람과 철수는 패턴 행렬에 표시된 항목내용을 지그시 응시했다.

"이 통합은 '작은 친절심' 같네요 …" 보람이 말했다.

"… 어떠한 친절?"

"문을 열어 준다든가, 시간을 가르쳐 준다든가. 별로 의식하지 않고 우연한 계기에 가능한 가벼운 친절심에서 나오는 행동이 표현되고 있는 것 같다고 생각해요"

"과연 그럴 듯해. 그것은 괜찮을지도 몰라" 교수가 말했다. "다만 측정하고 있는 것은 그러한 작은 친절심에 대한 저항감이지만 말이야"

"그런가, 확실히 …. 그렇지만 이렇게 문을 연다든가 시간을 가르쳐 주는 것까지 저항을 느끼는 사람이 있다, 어쩐지 남과는 다른 사람이라는 느낌이 드네요" 철수가 말한다.

"과연 '괴짜 요인'인가. 자, 4요인의 결과는 어떤가?"

"제4요인은 두 항목뿐이네요" 철수가 대답했다.

    04. 미아를 경찰서에 데리고 간다
    01. 공중화장실이나 공원 등의 수도물을 잠근다

"거기에서 제4요인의 숫자를 위 쪽으로 읽어 가면 …"

    11. 친한 사람에게 과제의 오류를 가르쳐 준다
    02. 친한 사람에게 샤프펜을 빌려 준다

"이 두 항목도 가장 높은 부하량은 다른 요인이지만 제4요인에도 부하량 0.40 이상이잖아"

"미아를 데리고 가고, 수돗물을 잠그고, 과제의 오류를 가르쳐 주고, 샤프펜을 빌려 주는 데 저항을 느끼는 사람이라고?" 보람도 당황하고 있다.

"뭔지, 잘 모르겠네"

"그래. 무엇인지 구체적인 이미지를 모르겠어"

"자, 이와 같이 잘 해석할 수 없는 경우도 있는 것이 요인분석이야" 교수는 두 사람을 달래듯이 말했다.

"이것이 '요인의 해석 가능성'이라고 하는 것인가요?" 보람이 묻는다.

교수는 고개를 끄덕였다.

"그렇다네. 요인에 하나로 뭉친 항목으로부터 명확히 이미지를 파악할 수 있어서, 요인의 이름을 붙일 수 있느냐 어떠냐 하는 것이지. 이 제4요인과 같이 잘 모르는 통합이 되어 버리는 경우도 있는데, 요인을 너무 많이 추출했을 때에 일어날 걸로 보네"

"그렇다면 지금까지의 결과로부터 생각하면, 역시 2요인의 결과가 제일 낫다는 것인가 …" 철수가 중얼거린다.

"그래. 해석도 '모르는 사람을 향한 사회적 행동에 대한 저항감'과 '친한 사람을 향한 사회적 행동에 대한 저항감'이라고 하는 형태로 명확히 나누어지고 있으므로, 그것이 가장 산뜻할지도 몰라"

"아직 결론을 내는 것은 빨라" 교수가 말했다.

"몇 개의 항목은 제1요인이나 제2요인이나 모두 낮은 부하량을 보이고 있기 때문에, 그들 항목을 분석에서 제외하고 최종적인 요인분석 결과를 보이는 편이 좋네"

"그러면 요인부하량이 0.35에 미치지 못하는 항목을 삭제하면 어떨까요? 항목 12, 13, 17, 23이네요" 보람이 결과를 가리켰다.

🌙 최종적인 요인분석

[SPSS의 처리 절차]

《순서 1》 분석 수법의 선택

메뉴에서 [분석]-[차원 축소]-[요인분석]을 선택한다.

《순서 2》 변수의 선택

[변수]에 'P01'에서 'P26'까지 지정한다. 거기에서 'P12', 'P13', 'P17', 'P23'을 제거한다.

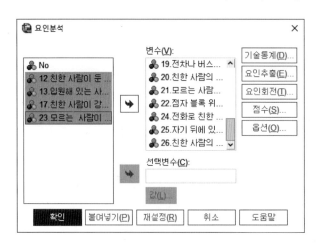

《순서 3》 요인추출의 선택

[방법]에서 [최대우도]를 선택한다. [스크리 도표]에 체크한다.

[추출]의 [고정된 요인 수]에 체크하고 [추출할 요인]은 '2'를 입력한다.

[계속]을 클릭한다. [요인회전]을 클릭한다.

《순서 4》 요인회전의 선택

[방법]의 [프로멕스]를 선택하고 [계속]을 클릭한다.

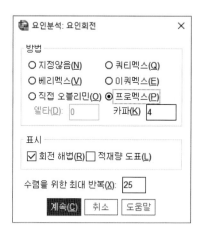

《순서 5》 옵션의 선택

[옵션]을 선택한다. [계수표시형식]에서 [크기순 정렬]에 체크하고 [계속]을 클릭한다.

[확인]을 클릭한다.

[분석결과]

설명된 총분산

요인	초기 고유값			추출 제곱합 적재량			회전 제곱합 적재량[a]
	전체	% 분산	누적 %	전체	% 분산	누적 %	전체
1	6.814	30.972	30.972	6.188	28.127	28.127	5.695
2	3.036	13.802	44.774	2.523	11.470	39.597	4.365
3	1.602	7.280	52.054				
4	1.261	5.733	57.787				
5	1.200	5.457	63.244				
6	1.098	4.993	68.236				
7	.956	4.347	72.584				
8	.782	3.552	76.136				
9	.754	3.428	79.564				
10	.668	3.035	82.599				
11	.568	2.584	85.182				
12	.539	2.449	87.631				
13	.462	2.102	89.733				
14	.420	1.910	91.643				
15	.371	1.685	93.328				
16	.309	1.406	94.733				
17	.300	1.361	96.095				
18	.229	1.040	97.135				
19	.205	.933	98.068				
20	.171	.776	98.844				
21	.147	.667	99.511				
22	.108	.489	100.000				

추출 방법: 최대우도.

a. 요인이 상관된 경우 전체 분산을 구할 때 제곱합 적재량이 추가될 수 없습니다.

- 설명된 총분산

  항목을 삭제하기 전의 2요인 결과보다도 누적설명률이 높아지고 있다.

  2요인의 누적설명률 ··· 초기에 44.774%, 추출 후에 39.597%.

패턴 행렬[a]

	요인	
	1	2
22.점자 블록 위에 있는 것을 치운다	.852	-.221
19.전차나 버스에서 모르는 사람에게 자리를 양보한다	.770	-.067
09.파출소에 분실물을 신고한다	.767	-.047
08.길가의 휴지를 줍는다	.742	-.070
10.낯선 사람이 쓰러져 있으면 구급차를 부른다	.722	.095
15.자전거 보관소에 쓰러져 있는 자전거를 세워 놓는다	.717	-.165
21.모르는 사람의 무거운 짐을 거들어 준다	.638	.094
18.모금을 한다	.603	.091
04.미아를 경찰서에 데리고 간다	.561	.178
14.모르는 사람을 위해서 엘리베이터 버튼을 대신 누른다	.406	.325
11.친한 사람에게 과제의 오류를 가르쳐 준다	-.119	.795
06.부재중인 친한 사람의 집에 온 짐을 보관한다	-.199	.699
05.감기로 쉬고 있는 친한 사람에게 전화로 중대한 연락을 한다	-.221	.617
07.친한 사람을 위해서 프린트를 받아 둔다	.139	.527
24.전화로 친한 사람에게 부탁을 받으면 그에 응한다	.137	.527
26.친한 사람의 수업 과제를 도와 준다	-.074	.489
02.친한 사람에게 샤프펜을 빌려 준다	.092	.481
16.친한 사람이 잔돈이 없을 때 빌려 준다	.213	.426
03.친한 사람에게 강의 노트를 보여 준다	.289	.407
20.친한 사람의 고민상담에 응한다	.251	.379
25.자기 뒤에 있는 모르는 사람을 위해서 문을 열어 준다	.118	.376
01.공중화장실이나 공원 등의 수도물을 잠근다	-.052	.365

추출 방법: 최대우도.
회전 방법: 카이저 정규화가 있는 프로맥스.
 a. 3 반복계산에서 요인회전이 수렴되었습니다.

- 패턴 행렬

  모든 항목이 제1요인 혹은 제2요인에 0.365 이상의 부하량을 보이고 있다.

  항목 14는 제2요인에도 0.325의 부하량을 보이고 있는데, 그것은 제2요인에 포함되어 있고 또한 가장 낮은 부하량을 보인 항목 01의 부하량(0.365)보다도 낮다.

  → 단순구조를 보이고 있다.

  [주] 단순구조란 전체적으로 보아 모든 변수가 어떤 요인에 높은 부하량을 보이고, 그 밖의 요인에 대한 부하량은 0에 가까운 구조를 말한다. 요인분석에서는 단순구조를 목표로 해서 분석을 실시한다.

▶ 결과를 보고

"이것으로 제1요인이 '모르는 사람을 향한 사회적 행동에 대한 저항감', 제2요인이 '친한 사람을 향한 사회적 행동에 대한 저항감'이라고 말할 수 있을 것 같네요"

결과를 확인한 철수가 말했다.

"제1요인은 '모르는 사람'이라고 하기보다는, 공공이라든가 사회라고 하는 편이 좋을지도 모르겠어"

"아마 그 부분은 이름을 잘 생각해 보기 바라네" 교수가 말했다. "최종적인 이름은 분석자가 붙이는 것이니까"

"네"

"교수님, 처음 문제로 되돌아가서 말씀입니다만 …" 보람이 말한다.

"뭔가?"

"점수분포의 치우침이라고 하는 문제입니다"

"아, 그랬지. 하지만 지금까지 분석해 보고 어떻게 생각해? 점수분포가 치우쳐 있기 때문에 8항목으로 요인분석을 해야 한다고 생각하나"

두 사람 모두 머리를 가로 젓는다.

"생각하지 않습니다"

"아무리 점수분포가 치우쳐 있더라도 여기에서 찾아내고자 하는 두 개의 요인이 발견되면 항목을 삭제하지 않고 요인분석을 진척시킬 가치는 있는 게 아닐까"

"하지만 교수님, 이상치의 문제는 어떻게 됩니까" 보람이 묻는다.

"그렇습니다, 교수님. 이상치가 있으면, 상관계수가 본래의 값과는 크게 달라지는 경우가 있거든요. 그것에 기초해서 요인분석을 하면 결과가 변해 버립니다"

"그렇다네. 하지만 몇 가지의 차선책이 있지"

두 사람은 얼굴을 마주 보았다.

"차선책이라고 …?"

"먼저 사용하고 있는 변수가 연속적이라고 할 수 있는지 어떤지 하는 것이네. 이것은 실제의 데이터가, 그보다는 이론적으로 말일세"

"이론적으로, 말입니까?" 철수가 중얼거렸다.

"그렇지. 이번에 다루고 있는 변수는 '저항감'이잖아. 아마 틀림없이 '있다', '없다' 뿐만 아니라 '전혀 없다'에서 '대단히 있다'까지 연속적으로 변화하는 양을 상정하고 있겠지"

"그렇습니다"

"원래 연속적인 양을 가정할 수 없다면, 요인분석이 아니라 범주형 변수를 정리하는 수법을 적용하는 편이 좋네"

"범주형 변수를 정리하는 수법?" 보람이 고개를 갸우뚱거렸다.

"그래. 대응분석(correspondence analysis)이라든가 쌍대척도법(dual scaling) 같은 수법이네. 이것들은 모두 복수의 범주형 데이터를 요인분석처럼 정리하기 위해서 쓰이는 수법이지. 조사해 보면 좋다고 생각하네"

"알겠습니다"

"다음의 문제는 가정된 연속적인 양에 대해서 어떠한 척도를 적용할 것인가 하는 것이 되네"

"척도 …입니까?"

"직접 눈으로 볼 수는 없지만, 연속적인 저항감이 있다고 가정하자. 그 때 저항감이 '없다', '있다'의 2가(價)로 측정할 수도 있고, '전혀 없다'에서 '대단히 있다'까지의 5단계나 7단계로 측정할 수도 있지. 이것이 측정할 때의 척도라는 것이네"

"촘촘한 편이 좋은 것은 아닐까요" 보람이 말한다.

"문제는 질문을 해서 주관적으로 회답해 받을 수밖에 없다고 하는 데에 있네. 예를 들면, 심리적인 저항감을 100점 만점으로 회답해 받고자 해서 '58점'과 '59점'의 차이를 회답자가 확실히 인식할 수 있을까"

"사람에 따라 다를 것 같네요" 철수가 말한다.

"자, '전혀 저항이 없다', '별로 저항이 없다', '약간 저항이 있다', '대단히 저항이 있다'의 4단계라면?"

"그렇다면, 어딘가에 답할 수 있을 것 같고, 같은 정도의 저항감을 갖고 있는 다른 사람도 같은 선택지에 답할 것 같은데요" 보람이 말한다.

"다음은 회답할 때의 수고라네. 선택지가 많으면 수많은 질문에 답하는 것은 피곤해 지쳐 버리지만, '아니오', '어느 쪽도 아니다', '예' 정도라면 많은 질문에도 척척 답해 줄지도 모르지"

"자, 이번에 사용한 척도인 4단계의 회답이라고 하는 것은 그다지 틀린 것은 아니네요"

"하지만 결과적으로는 점수가 치우쳐 버리고 있잖은가"

두 사람은 다시 한 번 결과를 응시했다.

"그런데 본조사의 전에 예비조사는 했는가?"

교수가 철수에게 말했다.

"아니오. 항목을 만들어 바로 조사를 했습니다"

"그런가. 가능하면 몇 명이라도 좋으니 예비조사를 해보는 것이 좋아"

"예비조사를 하면, 무엇을 알 수 있나요"

"예를 들면, 사전에 10명에게 예비조사를 해서 모두 같은 선택지를 고르고 있다면, 그대로 본조사를 해서는 틀림없이 점수가 치우친 분포가 된다고 생각하네"

"만일 예비조사에서 점수분포가 치우쳐 있다는 것을 알았다면, 어떻게 하면 좋을까요"

"예를 들면, 항목의 의미는 바꾸지 않고 표현의 강도만을 바꿀 수 있을지도 모르지"

"표현의 강도?"

"그래. 예를 들면, '나는 자신의 생활에 만족하고 있다'라고 하는 항목의 점수가 매우 높은 쪽으로 치우쳐 버렸을 때에는 선택지를 바꾸지 않고 '나는 자신의 생활에 대단히 만족하고 있다'고 하면 점수분포가 낮은 방향으로 기울어 갈지도 모르지"

"표현의 강도를 바꾼다고 하는 것은 그런 것인가요?"

"선택지를 바꾸는 방법도 있네. 이번과 같은 경우, '느끼지 않는다'에서 '대단히 느낀다'까지의 4단계로 회답을 구하고 있잖은가"

"그렇습니다" 철수가 답했다.

"그래서 많은 사람이 '느끼지 않는다'에 회답해 버렸다면, 그 밑에 더 느끼지 않는 듯한 선택지, 예를 들면 '전혀 느끼지 않는다'라든가 '절대로 느끼지 않는다'고 하는 선택지를 준비하면, '느끼지 않는다'에 회답한 사람 중에서 더 극단적인 사람이 그 쪽으로 회답을 바꿀지도 모르지"

"그것이 '어떠한 척도를 적용할 것인가'라고 하는 문제이군요"

"그렇다네. 측정하고 싶은 것은 심리적인 양이므로, 상정하고 있는 점수분포를 잘 파악하려면 어떻게 하면 좋을까를 견실하게 생각해서, 예비조사로 시험해 보면서 시행착오해 보는 것이 좋네"

"예비조사라는 게 중요하군요"

두 사람은 계속해서 머리를 끄덕이고 있다.

"다음으로 중요한 것은, 준비하고 있지 않은 질문항목을 요인분석할 수는 없다는 것이네"

"네?"

"점수분포가 치우친 항목을 삭제한 8항목으로 요인분석을 하면, 항목 17만이 제2요인이 되어 있잖은가"

"네. 그래서 항목을 삭제하지 않았더니 분명히 제2요인이 결과에 나왔습니다"

"그거야 그렇지. 친한 사람을 원조하는 데에 저항감을 강하게 느끼는 사람이 그렇게 많이 있다고는 생각할 수 없기 때문이지. 그러한 내용으로 점수분포가 치우친 항목을 삭제해 가면, 점점 항목이 없어져 버릴거야. 그렇게 생각하지 않아?"

"글세. 그렇네요 …"

철수는 맥이 빠진 기색이다.

"아냐, 대부분의 사람이 '느끼지 않는다'고 답하는 중에서 조금이라고 '느낀다'는 사람을 발견하고자 하는 질문항목이라면, 이것으로 괜찮아"

"그것도 목적 나름이라고 하는 것인가요" 보람이 말한다.

"그렇다고 할 수 있겠지"

교수는 그렇게 말하고 웃었다.

참고문헌

| 국내문헌 |

1. 강병서. 「인과분석을 위한 연구방법론」. 무역경영사, 1999.
2. 강병서·김계수. 「사회과학 통계분석」. 고려정보산업, 1998.
3. 노형진. 「EXCEL을 활용한 유형별 데이터의 통계분석」. 학현사, 2010.
4. 노형진. 「SPSS를 활용한 정성적 데이터의 통계분석」. 학현사, 2010.
5. 노형진. 「SPSS를 활용한 조사방법 및 통계분석」(제2판). 학현사, 2014.
6. 노형진 외 2인. 「SPSS를 활용한 일반선형모형 및 일반화선형혼합모형」. 학현사, 2013.
7. 노형진. 「SPSS를 활용한 분할표의 분석 및 대응분석」. 학현사, 2011.
8. 노형진·정한열. 「SPSS에 의한 통계분석 입문」. 한올출판사, 2008.
9. 노형진. 「SPSS를 활용한 주성분분석과 요인분석」. 한올출판사, 2014.
10. 노형진. 「SPSS를 활용한 회귀분석과 일반선형모형」. 한올출판사, 2014.
11. 노형진. 「다변량해석 - 질적 데이터의 수량화 - 」. 석정, 1990.
12. 노형진. 「SPSS를 활용한 앙케트의 통계분석」. 지필미디어, 2015.
13. 양병화. 「다변량 데이터 분석법의 이해」. 커뮤니케이션북스, 2006.
14. 이주일 옮김. Nicola Brace, Richard Kemp & Rosemary Snelgar. 「SPSS를 활용한 심리연구 분석」(제2판). 시그마프레스, 2005.

| 일본문헌 |

1. 石村貞夫. 「SPSSによる統計處理の手順」. 東京圖書, 1995.
2. 石村貞夫. 「SPSSによる多變量データ解析の手順」. 東京圖書, 1998.
3. 石村貞夫. 「SPSSによる分散分析と多重比較の手順」. 東京圖書, 1997.
4. 石村貞夫. 「SPSSによる時系列分析の手順」. 東京圖書, 1999.
5. 石村貞夫. 「SPSSによるカテゴリカルデータ分析の手順」. 東京圖書, 2001.
6. 石村光資郎·石村貞夫. 「SPSSによるアンケート調査のための統計處理」. 東京圖書, 2018.
7. 石村光資郎·石村貞夫. 「SPSSによる多變量データ解析の手順」(第6版). 東京圖書, 2021.
8. 內田治. 「SPSSによるアンケートのコレスポンデンス分析」. 東京圖書, 2006.
9. 內田治. 「SPSSによるノンパラメトリック檢定」. Ohmsha, 2014.
10. 內田治. 「SPSSでやさしく學ぶアンケート處理」. 東京圖書, 2015.

11. 小林龍一. 「數量化入門」. 日科技連出版, 1981.

12 芳賀·橋本. 「回歸分析と主成分分析」. 日科技連出版, 1980.

13. 林知己夫. 「數量化の方法」. 東洋經濟新報社, 1974.

14. 柳井·高木 編著. 「多變量解析ハンドブック」. 現代數學社, 1986.

| 서양문헌 |

1. Akaike, H. (1973). Information theory and an extension of the maximum likelihood principle. In Petrov, B. N. and Csaki, F.[Eds.], Proceedings of the 2nd International Symposium Theory. Budapest: Akademiai Kiado, 267~281.

2. Akaike, H. (1987). Factor analysis and AIC. Psychometrika, 52, 317~332.

3. Anderson, T. W. (1957). Maximun likelihood estimates for a multivariate normal distribution when some observations are missing. Journal of the American Statistical Association, 52. 200~203.

4. Anderson, T. W. (1984). An introduction to multivariate statistical analysis. New York: Wiley.

5. Beale, E. M. L. and Little, R. J. A. (1975). Missing values in multivariate analysis. Journal of the Royal Statistical Society Series B, 37, 129~145.

6. Bentler, P. M. (1980). Multivariate analysis with latent variables: Causal modeling. Annual Review of Psychology, 31, 419~456.

7. Diaconis, P. and Efron, B. (1993). Computer-intensive methods in statistics. Scientific American, 248(5), 116~130.

8. Kendall, M. G. and Stuart, A. (1973). The advanced theory of statistics. (vol. 2nd, 3rd edition). New York: Hafner.

9. Little, R. J. A. and Rubin, D. B. (1987). Statistical analysis with missing data. New York: Wiley.

10. Little, R. J. A. and Rubin, D. B. (1989). The analysis of social science data with missing values. Sociological Methods and Research, 18, 292~326.

11. Little, R. J. A. and Schenker, N. (1995). Missing data. In G. Arminger, C.C. Clogg and M.E. Sobel[Eds.]Handbook of statistical modeling for the social and behavioral sciences. New York: Plenum.

12. Mardia, K. V. (1970). Measures of multivariate skewness and kurtosis with applications. Biometrika, 57, 519~530.

13. Mardia, K. V. (1974). Applications of some measures of multivariate skewness and kurtosis in testing normality and robustness studies. Sankhya, Series B, 36, 115~128.

14. McDonald, R. P. and Marsh, H. W. (1990). Choosing a multivariate model: Noncentrality and goodness of fit. Psychological Bulletin, 107, 247~255.

15. Rubin, D. E. (1976). Inference and missing data. Biometrika, 63, 581~592.

16. Rubin, D. E. (1987). Multiple imputation for nonresponse in surveys. New York: Wiley

17. Schafer, J. L. (1997). Analysis of incomplete multivariate data. London, UK: Chapman and Hall.

18. Wothke, W. (1993). Nonpositive definite matrices in structural modeling. In Bollen, K.A. and Long, J.S. [Eds.], Testing structural equation models (pp. 256~293). Newbury Park, California: Sage.

19. Wothke, W. (1999). Longitudinal and multi-group modeling with missing data. In T.D. Little, K.U. Schnabel and J. Baumert [Eds.] Modeling longitudinal and multiple group data: Practical issues, applied approaches and specific examples. Mahwah, New Jersey: Lawrence Erlbaum Associates.

Index

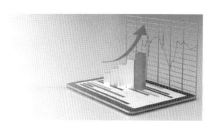

✱ **노형진**(e-mail: hjno@kyonggi.ac.kr)

- 서울대학교 공과대학 졸업(공학사)
- 고려대학교 대학원 수료(경영학박사)
- 일본 쓰쿠바대학 대학원 수료(경영공학 박사과정)
- 일본 문부성 통계수리연구소 객원연구원
- 일본 동경대학 사회과학연구소 객원교수
- 러시아 극동대학교 한국학대학 교환교수
- 중국 중국해양대학 관리학원 객좌교수
- 현재) 경기대학교 경상대학 경영학과 명예교수
  한국제안활동협회 회장

| 주요 저서 |
- 『Amos로 배우는 구조방정식모형』, 학현사
- 『SPSS를 활용한 주성분분석과 요인분석』, 한올출판사
- 『Excel 및 SPSS를 활용한 다변량분석 원리와 실천』, 한올출판사
- 『SPSS를 활용한 연구조사방법』, 지필미디어
- 『SPSS를 활용한 고급통계분석』, 지필미디어
- 『제4차 산업혁명을 이끌어가는 스마트컴퍼니』, 한올출판사
- 『제4차 산업혁명의 핵심동력 – 장수기업의 소프트파워-』, 한올출판사
- 『제4차 산업혁명의 기린아 기술자의 왕국 혼다』, 한올출판사
- 『제4차 산업혁명의 총아 제너럴 일렉트릭』, 한올출판사
- 『망령의 포로 문재인과 아베신조』, 한올출판사
- 『프로파간다의 달인』, 한올출판사
- 『3년의 폭정으로 100년이 무너지다』, 한올출판사

✱ **유자양**(e-mail: victor@kgu.ac.kr)

- 석가장육군사관학교 공상관리학과 졸업(관리학 학사)
- 경기대학교 대학원 석사과정 졸업(경영학석사)
- 경기대학교 대학원 박사과정 졸업(경영학박사)
- 현재) 경기대학교 대학원 글로벌비즈니스학과 교수

| 주요 저서 |
- 『SPSS및 EXCEL을 활용한 다변량분석 이론과 실제』, 지필미디어
- 『Excel을 활용한 컴퓨터 경영통계』, 학현사.
- 『엑셀을 활용한 품질경영』, 한올출판사

✱ **동초희**(chrisdong0715@hotmail.com)

- 충칭사범대학교 영어영문학과(문학 학사)
- 경기대학교 대학원 무역학과 졸업(경영학석사)
- 경기대학교 대학원 글로벌비즈니스학과 박사과정수료
- 현재) 명지대학교 국제학부 공상관리전공 객원교수

| 주요 저서 |
- 한국 전자산업의 대중국 직접투자 결정요인에 관한연구,
  경기대학교 대학원
- 『엑셀을 활용한 품질경영』, 한올출판사

SPSS를 활용한 앙케트 조사 및 통계처리

초판 1쇄 인쇄 2022년 3월 5일
초판 1쇄 발행 2022년 3월 10일

저 자 노 형 진·유 자 양·동 초 희
펴낸이 임 순 재
펴낸곳 (주)한올출판사
등 록 제11-403호
주 소 서울시 마포구 모래내로 83(성산동 한올빌딩 3층)
전 화 (02) 376-4298(대표)
팩 스 (02) 302-8073
홈페이지 www.hanol.co.kr
e-메일 hanol@hanol.co.kr
ISBN 979-11-6647-194-0

SPSS를 활용한
앙케트 조사 및
통계처리